AF495768

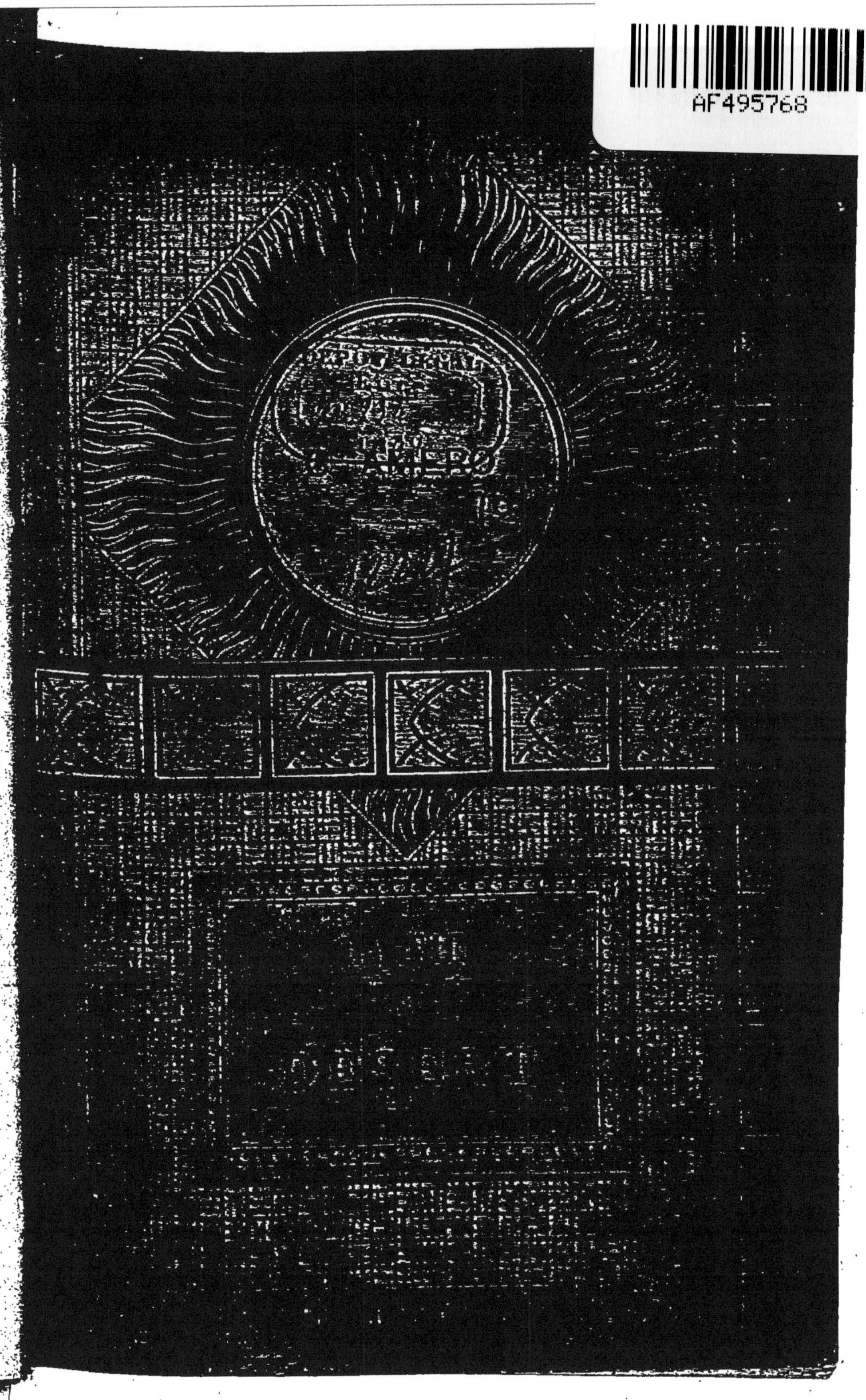

LA

VIE AU DÉSERT

CINQUIÈME SÉRIE. — Format petit in-8º ill.

TYPOGRAPHIE FIRMIN-DIDOT ET Cⁱᵉ. — MESNIL (EURE).

Fig. 1. — Un campement au désert.

DANIEL ARNAULD

LA
VIE AU DÉSERT

SCÈNES ET TABLEAUX

OUVRAGE ORNÉ DE 16 GRAVURES

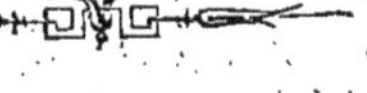

PARIS

LIBRAIRIE DE FIRMIN-DIDOT ET Cⁱᵉ

IMPRIMEURS DE L'INSTITUT, RUE JACOB, 56

LA

VIE AU DÉSERT

UNE JOURNÉE DANS LE DÉSERT

(SAHARA ALGÉRIEN.)

Le soleil se lève, derrière les tentes du campement de la tribu nomade, tout au bout de la plaine unie, qu'il colore d'une teinte rosée. Ses rayons frappent les tentes rayées de jaune et de noir, soutenues dans le milieu par des perches, et fixées au sol à l'aide de nombreux piquets. Les chevaux hennissent et gambadent; les dromadaires, couchés en troupes serrées, le ventre aplati, le cou allongé sur le sable, le mufle au vent, aspirent la fraîcheur de l'aube; les moutons et les chèvres, parqués en un endroit facile à surveiller, semblent appeler l'attention de leur côté par leurs bêlements multipliés. Alors les chiens de garde se mettent à courir en aboyant autour de l'enceinte du troupeau, comme s'il s'agissait de réprimer une insurrection de la gent moutonnière.

La rivière, desséchée par un soleil dévorant, s'étend à travers les herbes jaunies, semblable à un chemin poudreux bordé de roseaux et de massifs de jeunes arbres touffus.

Tout à coup, les sons aigres d'une cornemuse, puis d'une deuxième, puis d'une troisième cornemuse, qui se répondent d'une extrémité à l'autre du campement, viennent annoncer l'entrée en scène des pasteurs du désert. Ces nomades sont éveillés plus tôt que de coutume; c'est que cette journée doit faire époque chez eux : il s'agit d'abandonner des pâturages devenus insuffisants, tondus par la dent des bêtes et brûlés par l'ardeur du soleil, et d'aller s'établir dans une prairie signalée entre une verte oasis situé à l'occident et le pied des pentes mamelonnées du Djebel-Amour.

Les Arabes se hâtent lentement, procédant avec gravité à ce gigantesque déplacement d'une ville au désert; tandis qu'ils sellent les chevaux, qu'ils chargent les chameaux, qu'ils ploient les tentes, et que les femmes affairées distribuent à tous quelques restes de couscoussou mis en réserve la veille. De leur côté, les enfants, pour qui chaque changement

est une fête, échappent aux appels des mères, se
rassemblent pour se communiquer leurs impres-
sions sur le voyage que l'on va entreprendre; leur

Fig. 2. — Les chameaux reçoivent leur chargement.

imagination leur fait évoquer cette terre promise
dont on leur parle tant depuis que le lait des chèvres
tarit, et que les troupeaux languissent faute d'eau.
Au risque de recevoir le coup de pied d'un âne,

ou d'avoir leur chemise happée au passage par un chien en belle humeur, ils courent à travers les ballots qui s'empilent et le léger mobilier mis en plein air.

Les chameaux ont, enfin, reçu leur chargement. Sur leurs dos, retenus par des cordes, sont les outres de peaux pleines d'eau, les ballots, les sacs qui contiennent les hardes, les couvertures, la farine, les grains de chaque ménage; au-dessus de la bosse de l'énorme bête, en travers, est la tente roulée autour de ses montants; puis, dans des filets aux larges mailles qui leur battent les flancs, s'entassent les harnais de guerre, les ustensiles, les nattes d'alfa, la batterie de cuisine, les chaudrons, les grands plats où se servent entiers les agneaux rôtis aux jours de la *diffa*.

Des serviteurs noirs, — bonnes d'enfants d'un nouveau genre, — courent après la marmaille, se saisissent de tout ce petit monde turbulent et évaporé.

Les jeunes garçons à l'œil éveillé, au gros ventre, aux jambes grêles sont hissés de gré ou de force sur la partie postérieure des chameaux, — sur ce qu'on pourrait appeler le gaillard d'arrière de ces vaisseaux du désert. On ne demande pas à ces petits de diriger la bête : il suffit qu'ils se maintiennent à leur poste — qui n'est pas un poste d'observation — et qu'ils ne se laissent pas choir.

Ils se cramponnent résolument à quelque bout de corde : il y va de leur sûreté !

A d'autres marmots une place est réservée au milieu de la ferblanterie bruyante qui se heurte dans les filets. Les nègres déposent avec précaution, soit dans un panier, soit sur quelque grand plat, qui vont servir de berceau, des bambins joufflus, à peu près nus, mais coiffés déjà de la calotte rouge nommée « chéchia », des petites filles pâles, vêtues d'une simple soutanelle blanche, coiffées d'un cornet en paille de latanier.

Et tous ces enfants espiègles rient et jasent, s'agacent d'un chameau à l'autre, s'interpellent, se disputent. Les plus petits, un peu effrayés, cherchent du regard leur mère occupée loin d'eux, et qu'ils appellent faiblement.

Sur les dromadaires les plus beaux — les blancs ou ceux dont le poil est d'un fauve très clair — une vaste corbeille surmontée de tiges flexibles qui s'arrondissent en dôme et qu'enveloppent de riches étoffes, sont disposées pour recevoir les femmes de distinction de la caravane et leurs plus jeunes enfants. Des tapis, des coussins en garnissent le fond. Ces véhicules somptueux, qu'on appelle des « atatiches », resplendissent des belles couleurs des tentures et des tapis qui débordent, où l'écarlate vif, le vert-émeraude, le jaune ardent sont merveilleusement assortis dans de larges rayures.

Mais le signal du départ a été donné, accueilli par les battements de mains de toute la jeunesse nomade.

Les joueurs de hautbois, montés sur leurs chevaux, et renforcés de timbaliers aux tambours minuscules, caracolent sur deux lignes derrière le chef de la tribu, vieillard austère à la barbe blanche que ses deux jeunes fils accompagnent. Tous trois s'avancent sur de magnifiques coursiers entourés de serviteurs qui tiennent par la bride leurs chevaux de bataille et portent leurs armes de luxe.

Les fils du chef sont des enfants de douze et de dix ans. Le premier a une tête belle et mélancolique, toutes les vagues tristesses du désert se reflètent dans ses yeux; le second, vêtu d'une robe bleue, la chevelure tressée tombant sur les épaules, apparaît merveilleux de force et de grâce. Par moments il galope en jetant en l'air une jolie carabine qu'il rattrape avec dextérité : les plis de son manteau, agités par le vent, enveloppent cette créature délicate et charmante qu'on pourrait prendre pour le génie ailé du désert.

Le père et ses deux fils sont précédés du gros des cavaliers de la tribu, équipés comme pour le combat et portant néanmoins leur plus beaux costumes.

« Ils montent des chevaux plus blancs que l'étoile filante lancée contre le démon de la nuit, des che-

Fig. 3. — Femme à âne.

vaux plus rouges que le calice d'une rose, des chevaux pommelés comme les flancs de la panthère. » Leurs longs fusils à capucine d'argent, placés devant eux en travers de la selle, ou maintenus en l'air la crosse sur le genou droit, luisent au soleil.

Diversement coiffés de chapeaux de paille poin-
tus, ou de hauts bonnets formés d'une toison d'autruche roulée ou encore la tête couverte par le bur-
nous rabattu sur les yeux, quelques-uns de ces
hommes d'armes, le corps nu jusqu'aux reins, portent le haïck roulé en écharpe, et le large pantalon
rouge à la turque, maintenu par une ceinture d'où
sortent des crosses de pistolets et des manches de
couteaux. Ces guerriers, montés sur de grands chevaux caparaçonnés de soie comme pour un car-
rousel, rappellent ce pittoresque défilé d'une tribu
en voyage, si admirablement décrit — on pourrait
dire peint — par Eugène Fromentin dans son *Été
dans le Sahara.*

A la suite de ce cortège luxueux, se pressent les
quatre-vingts ou cent chameaux de la tribu, avec
leurs grappes d'enfants, augmentées de moment en
moment de tous les marcheurs novices qui ne peuvent pas suivre ceux de leurs petits compagnons qui
s'avancent confondus parmi les bêtes de charge,
hâtant le pas pour ne point demeurer en arrière.

Mêlées à ces derniers, s'avancent les femmes de
la tribu qui n'ont pas pris place dans les atatiches.
Elles marchent tout en filant la laine dont la que-
nouillë est passée à la ceinture.

Des petites filles traînent après elles leurs jeunes frères; elles portent les derniers nés dans un pan de leur voile. Il y a aussi dans le même groupe de ces vieilles femmes, dont parle Fromentin, « exténuées par l'âge, cheminant appuyées sur de longs bâtons; tandis que de grands vieillards se font porter par de tout petits ânes, leurs jambes traînant à terre ».

Enfin, au milieu d'un nuage de poussière courent les bœufs et le peuple bêlant de moutons et de chèvres, menés par des nègres qui, de la voix, excitent les chiens à rallier les animaux qui s'éloignent.

La chaleur devient intense, à mesure que le soleil monte; dans une première distribution, l'eau des outres a été vite épuisée.

Heureusement on signale à l'horizon l'oasis qui de ce côté limite le pays de la soif.

Les yeux des enfants, après les premières distractions du voyage, se sont appesantis dans cette continuité de sables brûlants; quelques larmes même ont coulé.

Maintenant tous les regards se dirigent avides, consolés vers cette tache de verdure où croissent des dattiers aux légères aigrettes, et quelques figuiers. Une ville aux maisons blanches s'élève du milieu des jardins sur deux ou trois monticules.

Des bandes de gangas, laissant tomber du haut des airs leurs cris de ralliement, arrivent du fond du désert pour boire aux sources. Les enfants voient avec ravissement grandir cette apparition lumineuse et fraîche de l'oasis qui se détache nettement sur le bleu du ciel — et ils ne sont pas les seuls.

Le convoi contourne l'oasis, et s'arrête dans un pli de terrain où les hauteurs boisées jettent un peu d'ombre. Un ruisseau, qui vient se perdre dans les sables, amène jusque-là une partie des eaux des sources : c'est la part des chevaux, des bêtes de charge et des moutons qui vont pouvoir s'abreuver largement.

Vers les fontaines de l'oasis se dirigent des femmes, des fillettes et de jeunes garçons munis des casseroles, pour remplir les outres, dont sont chargés quelques baudets que des nègres acheminent à coups de triques. Cette troupe se croise avec les curieux, grands et petits, qui viennent voir de près les voyageurs altérés.

La tribu fait halte et prend les dispositions pour se donner quelques heures de repos. Les troupeaux se répandent librement dans la plaine.

Les petits nomades se laissent glisser des chameaux et apparaissent faméliques à leurs mères ;

on trait pour eux le lait des chèvres et des brebis;
les jeunes femmes profitent de ce moment d'arrêt
pour donner le sein à leurs nourrissons.

On dresse rapidement quelques tentes pour le
chef, ses fils et les femmes de sa famille. De tous les
côtés chacun s'oc-
cupe de la prépa-
ration du principal
repas de la jour-
née. Les plus dis-
pos de ces cavaliers,
qui se sont mis en

Fig. 4. — Musulmans en prière.

frais de costume, montent par groupes vers les cafés de la ville pour se montrer un peu et se donner le luxe de se faire servir en public.

C'est sur ce terrain favorable que vers le soir on fera en commun la prière. Puis la nuit venue les petits enfants s'endormiront sur les genoux de leur mère, couverts par un pan de leur robe. Leurs frères plus hardis, après avoir couru d'une cuisine à l'autre, finiront sans doute par s'endormir entre une outre et un sac de pain.

Demain, dès la première heure, une dernière étape conduira la tribu aux lieux où elle va s'établir; demain, quand les tentes seront déployées de nouveau, les petites filles aux yeux de gazelle, assises à l'ombre, tresseront l'alfa, les corbeilles, les nattes, les pots pour le lait; d'autres fileront, — leurs légères quenouilles enjolivées de plumes d'autruches — et laisseront du bout de leur petits doigts jaunes tomber le long fil qui s'enroule autour du fuseau. Les plus petits, fatigués de la rude journée de la veille, passeront de longues heures couchés à terre sous l'œil vigilant des chiens à la queue de renard.

Ces changements de résidence des tribus — ces déménagements en grand — se font avec gravité, avec pompe, comme une cérémonie. C'est en effet le déplacement du foyer, avec tout ce qu'il comporte de regrets, d'espérances, d'incertitudes; mais pour les jeunes Arabes ce n'est qu'une partie de plaisir — qu'on recommencera bientôt.

UNE CARAVANE D'ESCLAVES

(AFRIQUE CENTRALE.)

A la limite des sombres forêts africaines, qui sont
encore en vue, se profilent en silhouettes noires, sur
le ciel ardent, la lamentable cohue qui péniblement
se traîne. Dans l'immensité du désert où elle entre
à peine, elle semble n'avancer point. Plusieurs chameaux ouvrent la marche; des cavaliers armés de
fusils et de lances, et dont le costume peu uni-
forme rappelle celui des militaires égyptiens, courent sur le flanc de la colonne. Quelques uns bran-
dissent des fouets aux longues lanières, — la courbache de cuir d'hippopotame qui redresse ceux qui
se courbent et rend des jambes à ceux qui languissent.

A mesure que la chaîne servile avance, le spectacle se fait plus douloureux. Pêle-mêle, chassés devant eux par les féroces Djellabs, hommes vigoureux,
jeunes enfants, le dos nu cinglé par les rudes lanières,

haletants, exaspérés par la violence qui leur est faite, la mort dans l'âme, les yeux égarés, réunissent dans un effort désespéré tout ce qui leur reste. d'énergie pour éviter d'être laissés en arrière, le crâne fracassé, abandonnés à la dent des chacals et des hyènes qui suivent la caravane d'étape en étape et la rejoignent à chaque halte du soir.

Les plus redoutables de ces noirs, hommes jeunes et forts, tiennent la tête du convoi. Les uns, sont attachés deux par deux à l'aide de cordes ; d'autres, marchent en files de cinq ou six, retenus par le cou à de longues billes de bois ; ces sortes de cangues leur serrent la gorge par une tige de fer arrondie solidement rivée aux deux bouts. Ces captifs ainsi maîtrisés ont, en outre les mains liées devant eux par une corde allant se rattacher au cou de celui qui précède, — précaution prise pour empêcher toute tentative d'évasion ou de révolte, — parfois même leurs pieds sont entravés de manière à empêcher l'écart complet des jambes, et la marche devient pour eux un supplice. Souvent la corde qui passe par le carcan, va s'atacher à la selle d'un cavalier ou au bât d'un chameau, et le supplice s'augmente de l'inégalité de l'allure. Hier peut-être ces malheureux noirs ont vendu leurs frères ; aujourd'hui, ils subissent la loi du plus fort.

Des centaines de jeunes filles, presque des enfants, ont été mises à part comme articles de prix; elles sont juchées sur de nombreux chameaux : leur vente doit donner le plus clair des bénéfices de la caravane, et on les soigne, on les nourrit mieux que le vil troupeau qui tache de noir la plaine aréneuse, en indiquant le développement de la triste procession qui serpente à travers le désert. Ces jeunes filles de couleur offrent des échantillons remarquables de diverses races : il y en a de noires comme du jais, il y en a de toutes les nuances du bronze; les unes viennent des montagnes du Dar-Nuba ou de la région des lacs, d'autres ayant passé de main en main, objets de multiples trafics, sont des chrétiennes originaires d'Abyssinie : les musulmans qui les ont ravies à leurs familles ont pensé accomplir œuvre pie en même temps que réaliser une bonne affaire.

Une dizaine de chameaux sont chargés — surchargés — d'enfants, tous trop petits, trop faibles pour marcher pendant tant de jours et supporter les fatigues d'un aussi long voyage. Ces enfants aussi ont été réunis par toutes sortes de moyens. Si les marchands de la caravane les ont achetés, ils les tiennent de brigands qui les ont volés. Au départ, ils se sont blottis, apeurés, dans les grandes valises rouges placées sur le dos des chameaux en guise de bât; d'autres moins favorisés, liés par grappes à l'aide de courroies, apparaissent suspendus aux bosses des gigantesques animaux.

Quelques mères, doublement à plaindre, charrient sur les épaules leur plus petit enfant, enveloppé de la dépouille d'un léopard ou d'une peau de chat tigre.

A tour de rôle, les jeunes filles se remplacent sur les chameaux, qui ne peuvent suffire à les porter toutes. Celles qui vont à pied se forment en groupes craintifs; il y en a d'une beauté délicate, fine, avec quelque chose d'un peu farouche; la plupart ont des yeux grands, humides comme les yeux de l'antilope; chez quelques-unes l'éclat de ces yeux noirs est adouci par le ton de bronze florentin de la peau.

Les négrillons à la chevelure laineuse et crépue composent d'autres groupes tout aussi timides et effarouchés. Leur regard acquiert une expression habituelle de tristesse; l'angoisse est peinte sur leurs traits; leurs petits pieds nus saignent, déchirés aux ronces et aux pierres du chemin parcouru. La peur de la courbache des djellabs, cinglée de moment en moment au-dessus de leur tête, arrête la plainte sur leurs lèvres.

Pourquoi plusieurs d'entre eux ont-ils leurs dents

limées ou sciées? Hélas! il faut bien le dire, c'est
qu'ils appartiennent aux tribus anthropophages
des Niam-Niam ou des
Montbouttous — car tou-
tes les horreurs s'avoisi-
nent sur cette terre d'A-
frique. Les petites né-
gresses, plus vétues que
leurs jeunes frères, por-
tent une sorte de tablier
tombant jusqu'aux ge-
noux, et qui a pour cein-
ture un ou deux rangs de
grosses perles de faïence;
une bande de cotonnade
est attachée par derrière
à cette ceinture, ramenée
par devant, et serrée à la
taille.

Pauvres enfants! Ils ne
comprennent rien à cette
douloureuse aventure qui
les a séparés de leurs pa-
rents, si ce n'est qu'ils sont devenus tout d'un coup
bien malheureux. Ils dormaient tranquillement dans
leurs belles huttes de paille, quand ils ont été re-

veillés au milieu de la nuit par un grand bruit d'armes. Que signifiaient ces cris de guerre? ces détonations accompagnées d'éclairs? Leurs mères tremblantes les avaient emportés loin de la mêlée, au milieu des ténèbres, où à la faveur de l'incendie; mais pour tomber, elles et eux, entre les mains d'étrangers menaçants et farouches, armés jusqu'aux dents, qui les avaient garrottés et entraînés au loin malgré tant de larmes versées et tant de supplications! Presque toujours, le père a été tué en défendant les siens contre les féroces aventuriers qui ont juré leur perte; ou bien, il est de ceux qu'on entraîne violemment, et qui n'ont pu, par la mort, se soustraire à l'esclavage.

D'autres enfants se rappellent comment s'étant écartés de leur case pour aller puiser de l'eau ou chercher du bois, ils ont vu des inconnus à l'aspect terrifiant se précipiter sur eux avec l'avidité du tigre, et les enlever. Un pli de terrain cachait le campement de ces brigands; ils se tenaient dans l'épaisseur des forêts ou à l'affût dans les buissons bordant les champs cultivés. Les pauvrets ont crié, mais personne n'est venu à leur secours...

Ils se souviennent de leur groupe craintif, augmenté de proche en proche par de nouvelles recrues de l'esclavage : on cheminait à la dérobée, les plus à plaindre, ceux d'entre eux que la peur avait frappés mortellement, étaient laissés en route, attachés à la fourche d'un arbre par un dernier acte d'humanité; tous étaient battus à chaque mécompte de leurs bourreaux, marqués de coups de fouet tour à tour, tandis que les autres se serraient épaule contre épaule, comme des moutons effrayés.

Ces pauvres enfants volés, réunis maintenant à la grande caravane, ils se doutaient bien que leurs mères les cherchaient encore ou les croyaient tombés sous la griffe des animaux carnassiers, ou même mangés par des nègres qui se nourrissent volontiers de chair humaine, — et peut-être, si déjà elles n'avaient succombé épuisées de fatigue, dans ce voyage qui exige de quatre-vingts à cent journées de marche, elles faisaient partie de cette foule lugubre d'où s'échappent des gémissements étouffés; misérables créatures qui s'en vont péniblement, les yeux égarés, mais n'ayant plus de larmes; pliées en deux sous le fardeau qu'il leur faut porter : des sacs de cuir contenant les vivres de la caravane, qu'on leur a distribués pour alléger les chameaux et les réserver aux enfants. Elles cherchent partout autour d'elles pour voir si elles ne reconnaîtront pas leurs enfants, — heureuses de ne pas les trouver dans cette multitude poussée en avant, et elles s'attachent à l'espoir qu'ils sont en sûreté, délivrés ou fugitifs...

Quelques-unes ont conservé, comme par dérision, certaines marques de leur condition de femmes libres, et relativement aisées : des étoffes voyantes de coton ou même de soie, des bracelets, des anneaux en airain aux chevilles et aux poignets...

Toutes ces tristes victimes de la plus abominable des spéculations, cheminent en jetant parfois à la dérobée des regards désolés du côté de leur pays, du côté des montagnes bleues au delà desquelles sont les grands fleuves et les immenses lacs. La terre natale est là encore, tout au bout, au bout de l'horizon ; mais elle va bientôt disparaître à jamais.

Ces montagnes étaient peut-être pour ces malheureux déportés l'Eden d'ici-bas. L'un se rappelle les lacs paisibles encombrés d'une multitude de barques de pêcheurs ; l'autre, les champs bien cultivés de manioc, entremêlés de bananiers et de palmiers à huile ; les chèvres, les moutons errant parmi les collines de granit rougies par un soleil torride et dans les fissures desquelles s'articulent les raquettes des figuiers de Barbarie. Dans le tronc creux d'un colossal baobab, l'enfant se souvient d'avoir joué avec ses petits compagnons capturés comme lui ; il s'est balancé aux lianes qui relient de leurs vrilles les arbres séculaires des forêts. Là-bas, sous les palmiers, une mère chérie les berçait de sa chanson en attendant le retour de l'intrépide chasseur qu'ils appelaient leur père. L'affreux Djellab, instrument exécrable d'une insatiable cupidité a mis fin à cette paisible existence! Maintenant les voilà passés à l'état de monnaie vivante.

Le soleil, dans son plein éclat, embrase un ciel sans aucun nuage, et son ardeur intense n'est pas une des moindres épreuves de ce voyage à travers les déserts.

Tout à coup, il se fait un mouvement sur un point de la colonne en marche; là, les coups de fouet s'abattent et jettent le désordre; un long frémissement parcourt les rangs; des cris d'effroi, des rugissements de douleur se font entendre; mais les infortunés hâtent le pas, et tout en protestant par des regards chargés d'indignation et de haine, ils s'efforcent de démontrer qu'ils peuvent encore avancer : trois cents lieues sont accomplies au prix de bien des souffrances, ce n'est que la moitié du chemin; mais ils veulent aller jusqu'au bout. Au bout, c'est le marché, c'est toujours la perte de la liberté : mieux vaut pourtant cette perspective que d'être achevé par un de ces gardiens impitoyables, aux yeux de qui tout retard est une perte d'argent pour le maître, et qui massacrent sans hésitation quiconque entrave la marche de la caravane.

Des explorateurs, des missionnaires, ont vu les caravanes de noirs s'égrener sur les routes sans fin qu'elles frayent à travers les solitudes. Un tiers, un quart, souvent moins encore, de ceux qui les composent, atteignent la ville où ils doivent être vendus. Pas un peut-être n'arriverait au terme du voyage sans un fond d'insouciance propre au caractère du nègre, et qui lui permet de s'accoutumer aux plus mauvais traitements; peut-être aussi se rappellent-ils qu'ils ont parfois prêté la main à de semblables violences, et force leur est bien de s'irriter moins. Mince réconfortant toutefois, qu'un pareil retour sur les actes criminels du passé!

C'est à coups de fouet qu'on relève les malheureux qui s'affaissent épuisés sur le sol. Fréquemment leurs bourreaux irrités de ce qui leur semble une révolte contre leurs calculs cupides, achèvent leurs victimes d'un coup de casse-tête ou de poignard.

Et combien de fois, à la halte du soir, n'a-t-il pas été fait de même une sorte de séparation violente des vivants et de ceux qui bientôt devaient succomber? Les exécutions alors épargnent les provisions de la caravane. La mort anticipée des mourants, réalise l'économie des quelques poignées de sorgho servi en bouillie épaisse. Et les corps demeurent où ils sont tombés... Se figure-t-on les sentiments d'épouvante des compagnons d'infortune de ces lamentables victimes lorsqu'après de telles scènes, et sur les lieux mêmes qui en ont vu les horreurs, il leur faut prendre la nourriture et le repos qui doivent leur permettre d'accomplir quelques douloureuses étapes de plus, peut-être d'aller jusqu'au bout de ce chemin de la souffrance et du martyre?

Il n'est pas rare que pour apaiser quelque velléité de rébellion, ces marchands sans entrailles et leurs séides gagés, ne se servent de leurs armes. Blessés mortellement, les esclaves sont laissés gisant sur le sable, parfois retenus l'un à l'autre par leurs cangues, et condamnés à mourir de la plus horrible mort qui se puisse imaginer, avec la perspective d'être dévorés vivants par les bêtes et la vermine du désert : lion, vautour, ou fourmi.

C'est surtout auprès des puits, auprès des sources que recèlent les oasis rencontrées de distance en distance dans le désert, que se montrent en plus grande quantité les ossements accusateurs. C'est qu'aux environs de ces puits ont lieu les haltes; c'est là que les caravanes établissent leurs campements,

sur le sol noirci par le feu du bivouac de la caravane précédente; c'est là aussi que sont abandonnés
ou même achevés d'un coup de grâce, les esclaves
qui ne peuvent aller plus loin; surtout les enfants
malades et dont l'état réclame des soins qu'il est
impossible de leur donner. Il n'est pas rare de trouver dans les profondeurs de ces puits, lorsque leur
cuvette est large, les crânes des Noirs restés en arrière, et qui se sont traînés jusqu'au bord de l'eau
pour étancher la soif de l'agonie.

Que de drames lugubres se sont déroulés en ces
lieux, dont la seule évocation remplit de terreur
les nuits de ceux qui en ont été les témoins impuis-
sants.

Un de ces drames entre mille :

Une vieille négresse, ayant de la peine à marcher, portait serré contre sa poitrine un pauvre
petit négrillon de quatre à cinq ans, chétif et très ma-
lade. L'enfant avait jeté ses bras autour du cou de sa
grand'mère. Il devait être beau. Sa chevelure longue et laineuse se divisait sur son front en tresses
ornées de perles de couleur; un collier, des anneaux d'ivoire à la partie supérieure des bras, des
bracelets, et aux chevilles des anneaux de perles
bleues en porcelaine décelaient une origine au-dessus de l'ordinaire.

La caravane dont la femme et l'enfant faisaient partie venait à peine de quitter le bouquet de palmiers entourant la source auprès de laquelle le dernier campement avait été établi..

Après quelques centaines de pas, la négresse et l'enfant furent laissés en arrière. Comment échappaient-ils au casse-tête des Djellabs? Peut-être ces hommes s'étaient-ils un moment lassés de frapper. Ils ne pouvaient rien pour le patient, qui semblait perdu. Quant à la vieille femme, sa valeur commerciale étant nulle, on ne l'avait emmenée que pour aider à vivre ce petit négrillon, fils d'un chef de tribu dont le sort était inconnu : la mère de l'enfant était morte avant le départ de la caravane.

Et la pauvre vieille négresse demeura avec ce mourant sur les bras, loin de tout secours : elle vit défiler, s'éloigner toute la caravane aux premières lueurs d'une aurore qui déjà incendiait le ciel et la terre. Alors la grand'mère avait ramené l'enfant vers la source. Il ne lui restait pour toute nourriture qu'une poignée de grains de sorgho; elle s'en priva afin de soutenir quelques heures de plus la vie du fils de son fils. Qui sait? Mais comment pouvait-elle espérer qu'une autre caravane passerait assez tôt pour le recueillir? les cœurs des mères ont de ces illusions.

La journée s'écoula lentement, sous un soleil qui rend la chaleur accablante au milieu de ces sables brûlants, même à l'ombre des palmiers de la source. Enfin de larges bandes sanglantes rayent l'occident, au delà des collines rocheuses et des fourrés d'arbres et de ronces qui ferment l'horizon. Un crépuscule gris met fin à une bien longue journée, mais sans apporter nulle fraîcheur. Il ne dure qu'un instant. Bientôt, la nuit descend rapidement, éclairée par un mince croissant de lune; — nuit remplie d'indicibles terreurs pour ces épaves humaines perdues dans des immensités qui ressemblent à un océan.

Mais l'impression de solitude nocturne dure peu. Déjà, çà et là, éclatent des cris étranges; des glapissements commencent à se faire entendre. Ils se répondent au loin comme de sinistres échos. Plusieurs silhouettes passent rapides; des chacals en bande suivaient d'autres bêtes, sans oser pourtant les attaquer. Ils se dirigèrent vers le ruisseau formé par le trop plein de la source. Une hyène difforme étancha sa soif au ruisseau, leva vers la lune ses yeux clignotants, modula une sorte d'aboiement plaintif et opéra sa retraite, — boîteuse et déhanchée. Les chacals revinrent boire. Ayant rencontré de la chair fraîche dans leur course à travers la plaine sablonneuse, et bien repus, ils n'avaient que soif.

Ils rôdaient très près de la négresse et de l'enfant, mais sans se montrer prêts à les attaquer.

Soudain, le vide se fait autour de la source; plus un seul cri : partout un silence absolu, permettant d'entendre le léger murmure de l'eau sur le sable, et du souffle du soir dans les hautes palmes balancées.

Un frisson d'épouvante secoua le corps de la vieille grand'mère; elle comprenait la cause de ce silence subit: un rugissement formidable pareil au roulement du tonnerre lui montre qu'elle ne s'est pas trompée : c'est le cri du lion, — ce cri prolongé, sorte de grondement d'un ton grave, mêlé d'un frémissement presque aigu, qui fait se hérisser le poil des chevaux et fuir les chiens sous la tente: Un lion venait de sortir d'un ravin des collines de l'occident.

D'un pas pesant, mesuré, il s'avança du côté de la source, découvrit le groupe brun, et s'irrita de l'immobilité qu'il gardait. La pauvre négresse apercevait le lion à la faible clarté de la lune; mais elle en dérobait la vue à l'enfant en le pressant contre elle.

L'animal, empêché par la vieille d'approcher de la source, était aiguillonné par une soif ardente. Il poussa des cris de colère répétés; de la queue il battait ses flancs; il montrait des dents menaçantes, et tirait une langue hérissée de pointes; sa crinière roulait en ondulations qui en faisaient chatoyer les fauves couleurs; dans la demi-obscurité, ses yeux éclairaient comme deux points lumineux. Il avançait toujours.

La grand'mère recula de quelques pas, entraînant l'enfant effrayé, que la peur paralysait. Mais le lion se rapprochait par bonds successifs; il sembla hésiter un instant pour choisir sa proie; puis, s'élançant, il s'éleva d'un dernier bond d'une douzaine de pieds, et retomba sur le négrillon échappé des mains de sa mère. Il le saisit comme il eut fait d'un agneau, le déchira de ses ongles, le secoua et l'emporta vers son repaire.

Un cri de désespoir avait répondu à l'appel suprême de l'enfant. La pauvre vieille femme s'affaissa, à moitié morte de saisissement.

Trois jours après, grâce à un hasard inespéré, elle fut retrouvée encore vivante par des pasteurs arabes, qui amenaient de très loin leurs troupeaux à la source de l'oasis.

Les caravanes d'esclaves comptent à leur départ pour Mourzouk jusqu'à trois mille, quatre mille nègres de diverses régions. Ceux qui survivent au moment de l'arrivée ont subi une si rude épreuve, qu'ils n'ont presque plus conscience d'eux-mêmes. Les enfants violemment enlevés à leur hutte, à leurs parents ont parfois, en trois ou quatre mois d'affreuse misère, tout oublié de leur passé, même leur langue maternelle. Ces frêles êtres atteignent le port de salut — si toutefois ce mot ne semble pas une ironie — n'ayant plus que la peau sur les os.

On les met en vente, on fait valoir leur gentillesse, leur extrême jeunesse, la facilité avec laquelle on peut les dresser; on leur trouve un maître qui leur imposera ses mœurs, son langage, sa religion — s'il en a une. Le faible et dernier espoir qu'ils ont conservé d'être, au terme de leur douloureux voyage, réunis au père ou à la mère s'évanouit à tout jamais... Dès lors commence pour eux une existence nouvelle. Esclaves, ils sont condamnés à servir, et ils grandissent privés de liberté et de volonté; ils sont la *chose* d'un autre, — témoignages affligeants du peu de résistance qu'offre la faiblesse, n'ayant que le droit pour elle, au contact de l'iniquité qui jouit des avantages de la force.

LES VOLEURS D'ENFANTS

(INDO-CHINE.)

Quand on entend dénoncer le trafic des esclaves comme un odieux abus de la force, on pense tout d'abord aux nègres de l'Afrique. Les populations du continent noir ne sont pas les seules qui aient à souffrir de ce qu'on a appelé « l'institution » de l'esclavage. Dans plusieurs contrées de l'Asie orientale, être privé de sa liberté par des tribus voisines demeurées sauvages, ou même par des gens du pays faisant métier de piraterie, être vendu à un maître, passer de créature humaine à l'état de marchandise, est une éventualité qui menace tout homme, toute femme, tout enfant.

Dans l'Indo-Chine particulièrement, c'est une opération lucrative, pour un batteur de buissons, de se livrer à la chasse à l'enfant. Sur la limite des territoires occupés par les Annamites policés, se trouvent des peuplades primitives comprises sous le nom génériques de Moïs. Chez elles on va chasser l'enfant par surprise et piège, comme on irait à l'affût du cerf. On s'empare du pauvre petit être, qui bientôt va grossir les convois d'esclaves dirigés sur les centres importants — ceux toutefois qui ont échappé jusqu'à présent à notre influence civilisatrice.

A peu de distance de nos colonies de la Cochinchine française, du Cambodge placé, comme on le sait, sous notre protectorat, une très ancienne et très barbare coutume permet de vendre garçons et filles, quand on a épuisé les autres moyens de se procurer des ressources indispensables. Toutes les fois que les chefs de famille se voient aux prises avec la disette, ils choisissent parmi leurs enfants celui qui leur semble avoir le plus de valeur, commercialement parlant, et ils l'emmènent au plus prochain marché.

Chez les Birmans, un jeune garçon est facilement échangé contre un bœuf ou un certain nombre de mesures de riz. L'enfant ainsi sacrifié permet à ses parents, à ses frères, d'échapper pour un temps au fléau de la famine.

Mais de tels expédients s'épuisent vite. Celui qui n'a point d'enfant, ou qui n'en a plus à vendre, se cache au coin d'un bois, surprend et enlève de vive force des jeunes garçons et des fillettes, et va les vendre, sans se vanter des moyens employés par lui, — mais que chacun devine.

Ces rapts s'exercent le plus souvent au détriment d'un village voisin; et il en résulte souvent des guerres sans merci de village à village, qui finissent par la destruction d'un des deux partis hostiles.

Chez les Carians, sauvages de la Birmanie orientale, ces mêmes déplorables pratiques s'imposent encore.

Un voyageur a raconté le fait suivant.

Il se trouvait à Tociopoli. Au milieu de la nuit, il fut réveillé par des coups de fusil et des clameurs poussées par les habitants. Il se lève, essaye de se rendre compte de ce qui se passe. Des enfants à qui il s'adresse, lui apprennent que les boucs sauvages — les joki — sont en train de dévorer la lune!

Il se rappela alors qu'une éclipse était imminente; sans aucun doute, tout ce bruit devait se rattacher à cet événement. Dans un ciel sans nuage, la lune était devenue obscure, sauf une ligne rouge sur son pourtour... Jusque-là rien d'amusant.

Le voyageur essaya d'expliquer qu'il s'agissait d'un phénomène très naturel, et que la lune allait reparaître aussi éclatante qu'auparavant. Mais le tapage que l'on faisait autour de lui l'empêchait de se faire entendre.

Une foule en démence vociférait en gesticulant.

— Laisse! laisse! Elle est à nous, la lune! Arrière! arrière! elle est à nous! Vomis-la! vomis-la! Elle est à nous! elle est à nous!

Un côté de la lune commença à s'éclairer et les Carians — des Carians blancs — s'imaginant avoir réussi à demi à faire lâcher prise aux boucs ravisseurs, redoublèrent leur vacarme avec une nouvelle énergie.

Et quand la lune reparut toute grande et lumineuse, ce fut une explosion de joie. Enfin ils avaient fini par la leur faire lâcher à ces boucs! s'ils ne s'étaient pas trouvés là, les boucs cette fois, leur dérobaient la lune! Ah! les vieux avaient raison de recommander de veiller!

Ces sauvages si bornés apprirent encore au voyageur que souvent les grenouilles se mettaient de la partie. Un d'entre eux, même, précisa :

— Quand elle est dévorée par les boucs, la lune devient rouge, car les joki ont le poil roux; quand elle est dévorée par les grenouilles, elle devient noire, parce que les grenouilles sont noires...

Le voyageur rit dans sa barbe et alla se recoucher.

Fig. 7. — Types d'Indo-chinoises.

L'incident semblait clos; mais le lendemain au réveil, une autre rumeur remplissait le village : pendant la nuit un jeune garçon de onze à douze ans avait disparu et non volontairement; car des appels, des cris avaient été entendus. Il s'agissait d'un rapt, comme tant de fois : à la faveur du tumulte provoqué par les joki, des hommes étrangers à la localité avaient dû s'introduire dans le village.

On soupçonnait surtout un Carian rouge. Les parents de l'enfant enlevé semblaient affligés; la mère, — une femme coiffée de ce chapeau conique recouvert de paille tressée que nous avons appris à connaître, et vêtue d'une sorte de grande chemise échancrée sur la poitrine — versait d'abondantes larmes.

Le père, à peu près nu, sauf quelques lambeaux de toile, l'air sauvage, demeurait absorbé, regrettant peut-être de n'avoir pas lui-même trafiqué de son fils.

Le lendemain, le voyageur se remit en route.

Deux jours après, il venait de traverser une épaisse forêt, juché sur un éléphant dont le conducteur lui servait également de guide.

L'éléphant est, dans cette région, la meilleure bête de somme. Quand un Européen s'est habitué à la marche de l'animal, au mouvement houleux de la cabine de bambous attachée à ses reins, quand il a réussi à s'établir sur la banquette, sorte de bât formé d'écorces d'arbres et de peaux de cerfs ou de buffles, disposée sur le dos du pachyderme, pourvu que, selon l'expression de M. Broussard de Corbigny, — il ne soit ni assis, ni couché, ni debout, ni n'importe comment, il a le droit de se déclarer très satisfait de sa situation.

Des objets d'échange et quelques provisions de bouche étaient aussi portés par l'éléphant.

Dans une petite éclaircie de la forêt, au passage d'un ruisseau, le voyageur rejoignit un homme d'un aspect sordide, ayant un air des plus farouches et qui forçait un jeune garçon à marcher devant lui. L'enfant, le torse nu, les jambes nues, avait seulement les reins enveloppés de cette bande d'étoffe qui s'enroule de façon à former une sorte de caleçon très court, et que l'on nomme « langouti ».

Il avait une physionomie agréable : ce n'est qu'en devenant jeune homme que l'Indo-Chinois enlaidit; alors son nez s'écrase, le visage s'élargit avec des traits accentués. Celui-ci était encore à l'âge où ils sont tous jolis et même charmants.

Une cordelette attachée à son pied gauche, se fixait du même côté à son poignet, et cette sorte d'entrave gênant les mouvements, permettait de marcher, mais suffisait pour empêcher de courir.

Le voyageur devina dans l'indigène un chasseur d'enfants, et dans le jeune garçon l'enfant disparu l'avant-veille, dans la nuit, du village où, avec tant de vigilance, on gardait la lune contre les entreprises des boucs sauvages.

Il se promit bien d'intervenir et d'empêcher cette violence. Armé, il pouvait au besoin s'emparer de cet enfant par la force; mais il lui répugnait d'engager une lutte qui pourrait être fatale à ce chasseur d'un nouveau genre. Pour tout dire, le voyageur ne se sentait pas assez sûr de son guide.

— Cet enfant est-il à vendre? demanda-t-il.

L'homme ainsi interpellé prit le temps de la réflexion.

— Pourquoi me fais-tu cette question? dit-il enfin.

— Réponds d'abord. Et dis-moi d'où il te vient cet enfant?

— Etranger, voici la vérité, affirma le Carian rouge. Je suis un pauvre père,... chargé d'une nombreuse famille... obligé de sacrifier un de mes fils... pour nourrir les autres.

Le chasseur d'enfants mentait; et l'expression du visage du jeune garçon protestait contre la véracité de ces paroles.

— Cet enfant n'est pas à toi, dit tout à coup le voyageur perdant patience. Tu l'as volé, et je vais te dire où : au village de Tociopoli; pendant l'éclipse...

— Non, non, répondit le Carian; je ne l'ai pas volé. Tu te trompes, ô étranger!

Et tout en parlant, il s'assurait que la lame au long manche passée à sa ceinture serait aisément hors du fourreau.

Ce geste acheva d'exaspérer le voyageur.

— Tu vas délier cet enfant, dit-il d'une voix impérative, et lui rendre la liberté.

Le Carian sourit.

— A quoi lui servirait-elle? Il ne passerait pas une nuit seul dans cette forêt sans être saigné par le tigre.

Le voyageur saisit son revolver; mais le guide envisageant la possibilité d'une lutte, recula de quelques pas; comme pour laisser le terrain libre, — en réalité pour assurer sa fuite au besoin.

Le Carian rouge affecta le plus grand calme.

— Tu me demandais tantôt, dit-il, si je voulais vendre cet enfant... comme si tu voulais l'acheter... que me donnerais-tu... pour diminuer le regret que j'ai de me séparer de lui?

— Ce que je donnerais! s'écria le voyageur.

Et il pensait :

Je vais te loger dans la tête une balle ou deux, de mon pistolet.

Mais il réfléchit aux conséquences d'un meurtre ; cela pouvait lui mettre une grosse affaire sur les bras ; l'obliger même à rétrograder... D'autre part, abandonné par son guide, aux prises avec un scélérat de cette espèce, il ne se souciait pas d'avoir le ventre ouvert d'un coup de couteau... Mieux valait arriver à ses fins par d'autres moyens.

— Voyons, dit-il, tu vas me céder ce jeune garçon ; je te donnerai une peau de daim, une peau de panthère, des queues de paon, du fil de laiton, gros comme tes deux poings de soie écrue, un collier de sapèques chinois et de coquilles, un autre collier de dents de sanglier, de coquilles de paludines et d'écailles de pangolins ; enfin un énorme morceau de sucre... Es-tu satisfait ? J'emmènerai l'enfant avec moi et tu retourneras à Tociopoli, chez les parents. Tu leur diras qu'à la nouvelle lune on me reverra de nouveau ; et cette fois ramenant avec moi le jeune garçon. Je ne t'oblige pas à leur apprendre que c'est toi qui le leur a enlevé, — de sorte que tu es assuré d'un bon accueil.

Le Carian s'inclina en signe d'assentiment. Il déclara ensuite qu'il ferait exactement ce qui lui était commandé, et reçut des mains du conducteur de l'éléphant les divers objets que l'étranger lui offrait si généreusement. Il en avait sa charge; mais il en eût joyeusement accepté le double.

— Va! lui dit le voyageur, en le congédiant. Et lui-même remontant sur son éléphant, on se remit en route.

Peu de jours après, le voyageur, selon l'engagement pris, revenait à Tociopoli avec l'enfant, heureux de le rendre à sa famille. Mais quelle ne fut pas sa stupéfaction en apprenant que le Carian rouge en quittant nuitamment le village avait emmené un autre enfant!

— Il lui avait été facile de s'emparer de celui-ci. Cet enfant, — un garçon d'une douzaine d'années, chargé par ses parents de la garde d'un champ de riz, — passait la nuit juché à huit ou dix pieds du sol dans une guérite établie sur les troncs de deux ou trois arbres coupés à la naissance des branches. Là, de minute en minute, il faisait résonner un gong ou frappait du tam-tam pour éloigner les éléphants sauvages et d'autres ravageurs des campagnes cultivées. Au jour, ou ne le trouva plus à son poste; la rizière présentait les traces d'une lutte... La disparition de ce pauvre enfant coïncidant avec le départ mystérieux du Carian rouge, on avait été amené tout naturellement à découvrir la vérité.

Fig. 8. — Cochinchine : types d'enfants.

Retrouver Tociopoli, n'avait pas été chose difficile pour le voyageur, ce village étant la résidence d'un chef. Cette remarque pourrait paraître singulière, si nous n'ajoutions que les villages carians sont pour la plupart mobiles. Chaque année, ils changent de place, sans toutefois changer de nom. La paresse invincible, et plus encore l'extrême pauvreté des Carians, les condamnent à cette vie nomade, et ils n'ont ni le courage ni les moyens de cultiver plusieurs années de suite des terres bientôt épuisées.

Dès le mois d'avril, ils coupent les herbes qui couvrent leurs montagnes, les laissent sécher au soleil; puis ils les brûlent. Ils attendent le secours de la pluie pour délayer et mêler les cendres aux terres destinées à la culture. Enfin ils se décident à faire des trous et à semer leur riz. Heureusement pour eux, ce riz croît bientôt et avec vigueur.

La récolte faite, ils la transportent en gerbes dans leurs cabanes. L'année suivante, ne pouvant pas cultiver le riz au même endroit, ils se rendent sur une autre montagne et s'y construisent de nouvelles cases de bambou; c'est le déplacement du village entier. Ils y transportent leurs provisions en attendant la saison qui leur permettra de nouvelles semailles. Ils vont ainsi de montagne en montagne pendant sept ou huit années, puis reviennent à leur premier établissement, où les herbes sur lesquelles on fait fond ont eu le temps de croître.

Si vous demandez son âge à un Carian, il comptera avant de vous répondre le nombre de stations annuelles faites par lui et les siens depuis qu'il est au monde.

Les cases des Carians si facilement délaissées et reconstruites, sont en bambou élevées à deux ou trois mètres du sol, à cause de l'humidité du terrain et de la présence des tigres, toujours nombreux dans ces montagnes.

Il y a des Carians rouges et des Carians blancs : ils ne valent pas mieux les uns que les autres. Voici d'après les lettres authentiques un échantillon du caractère des Carians blancs :

Il suffit que l'un dise :

« Un tel est sorcier, » pour qu'on attire, sous un prétexte quelconque, le prétendu sorcier dans un endroit écarté. On lui enfonce une lance dans le cœur, et on laisse son cadavre sans sépulture. Cependant la mission de la Birmanie orientale est parvenue à opérer un adoucissement des mœurs. Naguère les Carians blancs se tuaient les uns les autres avec plus de férocité encore que les Carians rouges. Les habitants d'un village allaient,

la nuit, dans un autre village, envahissaient les cases, massacraient les hommes, faisaient main basse
sur tout, et s'en retournaient emmenant avec eux
les femmes et les enfants qui survivaient.

LA TRAITE DES JEUNES FILLES

(ANNAM.)

En dépit des philosophes du XVIIIe siècle qui ont élevé les Chinois bien au-dessus de nous, et malgré les écrivains de notre temps qui se complaisent dans ce paradoxe, nous devons constater tout d'abord que l'esclavage existe encore en Chine.

Dans les villes du Céleste-Empire, les femmes seules sont maintenues en servitude, avec des fonctions dans la domesticité, chez ces Chinois de la classe aisée, qui passent la moitié de leur existence dans les mystérieux appartements de leur palais, s'abandonnant à une voluptueuse paresse.

Les esclaves mâles sont mieux utilisés, et plus facilement gardés dans les campagnes, où ils ont leur lourde part des travaux agricoles.

Lorsqu'un esclave devenu vieux ne peut plus travailler, on le chasse, — singulière manière de lui

rendre la liberté, — et il va acccroître le nombre, si considérable déjà, des mendiants de la Chine
qui, dans les grandes villes, forment de véritables
armées.

Un débiteur, poursuivi par ses créanciers, n'hé-
site pas à vendre sa femme, ses enfants pour payer
ses dettes. Les orphelins laissés dans le dénûment,
sont parfois vendus comme esclaves par quelque
personne peu délicate qui a le bénéfice d'un acte de
charité, tout en réalisant un profit. Et de même,
des parents éloignés, des tuteurs se débarrassent
d'enfants qui leur ont été confiés, pour s'affranchir
de leurs obligations et faire une spéculation. Dans
un pays où l'infanticide est généralement admis,
vendre ses enfants ou ceux dont on a charge, c'est
déjà, en quelque sorte, réaliser un progrès.

Un grand nombre d'esclaves sont des malheureux enlevés tout enfants à leur famille, dont ils
n'ont pu conserver le souvenir, et élevés par des
misérables, qui font métier de tirer parti d'eux
le plus avantageusement possible, — ce qui ne
veut pas dire le plus honnêtement.

Ces esclaves de la Chine, nés dans le pays, étant
de même sang, de même race, ne se distinguent en
rien extérieurement des autres habitants, si ce n'est
pourtant que les jeunes filles esclaves ont leurs tres-

ses nouées bas, à la façon de la coiffure en catogan, tandis que les jeunes Chinoises libres serrent leurs nattes près de la racine des cheveux.

On dit que le prix d'un esclave adulte varie de 200 à 500 dollars (le dollar américain valant 5 fr. 30); mais il va de soi que la façon dont ces ventes s'opèrent ne permet même pas d'établir un tarif régulier et élevé qui servirait, à défaut de toute autre garantie, de protection à l'infortuné devenu l'objet d'un trafic; car il est à remarquer que l'esclave qui a été payé un bon prix, est ménagé par son maître, et assurément moins à plaindre que celui qui se trouve doublement avili, et par sa condition servile, et par la somme dérisoire qui constitue sa valeur marchande.

Tous ces moyens criminels de se procurer des serviteurs, placés dans une absolue dépendance et qui n'ont pas à réclamer de salaire, ne suffisent pas. Nous dirons comment s'opère d'une manière plus sûre et plus suivie l'approvisionnement des marchés occultes où figurent les pauvres gens destinés à la servitude.

: On vient de voir que l'esclavage est entré en Chine dans la vie publique et qu'il est, dans certains cas, rendu presque légal. Aussi les Chinois ne s'étonnent-ils point, par exemple, que sur leur propre territoire, dans les limites du vaste Empire du Milieu, il y ait certaines parties du pays, mises en coupe réglée par des populations demeurées absolument sauvages, et dont la seule industrie est la chasse à l'homme.

C'est ainsique les Man-tsé descendent périodiquement des hautes et froides régions du Léang-Chan, perpétuellement couvertes de glaces et de neiges, fondent à l'improviste sur les habitants des basses terres et les soumettent par la terreur. Hommes et femmes valides sont liés et enchaînés, tandis qu'on égorge sans pitié les vieillards. Ces malheureux opprimés, chassés comme un vil troupeau vers les montagnes de Léang-Chan, y sont vendus pour quelques pièces d'argent et employés à la garde du bétail.

Chez ces montagnards du Léang-Chan, la vie d'un homme est comptée pour rien, et le maître a droit de vie et de mort sur tous les membres de sa famille.

Les mandarins préposés à la garde des provinces, et chargés d'empêcher le passage de ces bandes sauvages de Man-tsé, pactisent avec leurs chefs et, moyennant une somme d'argent, ferment les yeux et laissent agir.

Les Man-tsé font en petit ce que les pirates pratiquent sur une grande échelle; et les pirates sont combattus si mollement que cela équivaut à une véritable tolérance.

Ces pirates se recrutent parmi ce qu'il y a de plus abject dans la population. La plupart du temps se sont des scélérats qui ont déjà eu des démêlés avec la justice, pourtant fort expéditive, du pays. Presque tous sont affiliés à ces sociétés secrètes, qui ont en Chine une influence si désastreuse, et dont le véritable but, malgré les grands mots de patriotisme et de liberté dont elles se couvrent, est le désordre et le pillage.

L'organisation des bandes armées pour la piraterie, est parfois devenue menaçante pour la paix publique, lorsque les forbans au nombre de quarante ou cinquante mille opéraient sous la direction d'un chef.

On a vu leurs flottilles compter cinq ou six cents jonques et autres bateaux plus petits, sur le modèle des lorchas portugaises. Les parages du Fo-Kien sont ceux où les pirates ont de tous temps exercé leurs brigandages avec le plus d'audace, si ce n'est d'impunité assurée. Plus d'une fois les navires des marines française et anglaise les ont attaquées dans les eaux de la Chine pour défendre les intérêts du commerce européen.

Pendant la révolte fameuse et sanglante des Taïpings, les provinces de l'empire étant devenues des champs de carnage, les côtes furent infestées par des pirates exerçant leur coupable industrie avec un redoublement d'activité.

Depuis lors, au Tonkin, leurs pavillons noirs ou jaunes ont servi de ralliement à toute une tourbe soldatesque venue d'un peu partout pour faire obstacle à notre établissement colonial.

Il y a du reste longtemps que dure cet état de choses. Déjà au XVIIe siècle, à l'avènement de la dynastie tartare mandchoue, une singulière mesure fut prise pour mettre un terme aux dévastations incessantes que faisaient éprouver sur toute la côte les pirates, qui avaient alors leur centre de ralliement dans l'île de Formose. Il fut ordonné, sous peine de mort, que tout le littoral, sur une largeur de trois lieues, cesserait d'être habité. Le voisinage de la mer n'offrant plus aucune proie, aucun profit à réaliser, les ravageurs de la côte disparurent pendant un assez grand laps de temps.

Mais, dans toutes ces circonstances, il s'agissait pour les pirates chinois d'opérations accomplies en quelque sorte au grand jour. En procédant plus modestement, — et plus sournoisement, — les chefs de deux ou trois jonques se concertent pour aborder un point du littoral des mers de Chine, de pré-

férence les rivages de l'Annam, et plus particulièrement du Tonkin.

Ils arrivent là en gens de même race, presque
en amis, se donnant pour des commerçants, parlant d'acheter ou de vendre des cornes et des cuirs
de buffles, des nattes, des jarres d'eau-de-vie de
riz, des plantes médicinales, de la cannelle, de
l'ivoire... ou, s'ils se sentent en force, enlevant par
la surprise les habitants de la zone maritime qui
se trouvent à leur portée.

C'est ainsi que les pirates chinois du golfe du
Tonkin ont fait avec profit, pendant nombre d'années, la traite des Annamites capturés par eux sur
le littoral, ou même dans des villages de l'intérieur,
et livré, à des recruteurs, des travailleurs volontaires pour la Havane, pour la Californie et d'autres points de l'Amérique. De ce pays, aucun d'entre eux n'est jamais revenu. C'est en vain que, grâce
à l'intervention du supérieur du collège Saint-Joseph
à Macao, les autorités portugaises ont plus d'une
fois délivré des Annamites prêts à partir pour la
Havane : le trafic se poursuivait à la faveur de
quelque ruse.

Ainsi, on rasait une partie de la chevelure « des
volontaires » et on disposait ce qui en restait à la
mode chinoise, moyen facile de les faire passer

pour des coolies chinois, aux yeux de fonctionnaires qui ne demandaient pas mieux que d'être trompés.

Vint un moment où les pirates trouvèrent plus lucratif de capturer des femmes et des enfants. On a évalué à 15,000, au moins, le nombre des femmes et jeunes filles enlevées de vive force chaque année. Il est permis d'espérer que ce chiffre va en diminuant.

Il n'y a pas bien longtemps encore, M. Delavay, missionnaire au Kuang-tong, entreprit de racheter avec ses propres ressources les femmes et les jeunes filles chrétiennes d'Annam, ravies avec beaucoup d'autres sur le littoral de leur pays par les pirates chinois et mis en vente sur les marchés d'esclaves de Pac-hoï. Sur son appel, des sommes assez importantes lui furent aussitôt adressées de toutes les parties du monde civilisé. Elles permirent de délivrer un grand nombre de ces malheureuses, dont la valeur vénale n'était pas fort élevée.

A Pac-hoï, il n'y avait pas, à proprement parler, de marché aux esclaves. A l'arrivée des jonques, faisant ce trafic honteux, les pirates conduisaient leurs victimes dans des *tiam-pou* (hôtelleries) où ils les enfermaient, en attendant que les amateurs vinssent faire leur choix et débattre les prix.

Le rachat se faisait avec l'aide de Chinois de bonne volonté, qui devaient user de beaucoup de circonspection pour ne pas laisser apercevoir l'intérêt spécial porté à ces malheureuses femmes, à ces pauvres enfants que l'on voulait arracher à la servitude : sans cela, les trafiquants se seraient montrés tout de suite fort exigeants.

Acheter des esclaves était, semble-t-il, un moyen d'encourager l'odieux trafic. Mais comment parvenir autrement à leur délivrance? Faire intervenir les autorités locales? La chose est peut-être difficile; en tout cas, les pirates seraient allés ailleurs débarquer leur cargaison.

Mais quel spectacle affligeant que celui de ces pauvres femmes, de ces infortunées jeunes filles, traînées dans les cours d'une hôtellerie, à peine couvertes de quelques lambeaux de vêtements, tuniques et courtes jupes, même de pagnes descendant aux genoux et laissant nus les bras et les jambes. Les traits anguleux de leur visage, aux joues larges, aux pommettes saillantes, leur nez court, leur teint jaunâtre, leur grande bouche aux lèvres sanguinolentes, leurs dents noircies par la mastication du bétel et du tabac, leurs cheveux négligemment noués sur le sommet de la tête, l'exiguité de leur taille même, tout concourt à leur donner un aspect des plus lamentables.

On raconte que deux filles de quinze à seize ans, pas précisément jolies mais très intéressantes malgré la misère de leur état, enlevées au littoral annamite, s'étaient liées d'une étroite amitié. Grâce à leur mutuel dévouement, il leur avait été possible de résister aux douleurs d'une humiliante et dure captivité. Elles s'encourageaient, se venaient en aide dans leurs souffrances, et l'horreur des plus tristes moments fut ainsi adoucie.

Ces innocentes filles, traitées comme des coupables, en étaient venues à envisager comme une chose qui devait arriver, cet enchaînement de circonstances qui avaient fait d'elles deux captives et deux amies. Mais aussi elles appréhendaient avec effroi de se séparer. L'une d'elles était chrétienne; elle vit entrer dans la cour de l'hôtellerie un homme âgé, ayant la tournure d'un marchand, et qui, en se tournant de divers côtés, fit sans affectation, à plusieurs reprises, le signe de la croix. Seule dans l'assistance, elle comprit que l'on travaillait à sa libération. Un geste lui échappa, mais elle garda le silence, à la pensée que son amie ne pourrait pas se réclamer de la même sollicitude, et qu'il leur faudrait se quitter tout de suite.

Cependant son geste avait trahi la jeune Annamite! Le marchand s'approcha d'elle, la questionna et n'obtint que des dénégations. Mais la chrétienne portait à son cou une toute petite médaille de dévotion.

Alors sûr de son fait et sans s'expliquer le peu de bonne volonté montrée, le visiteur marchanda la jeune fille et en fit l'acquisition pour cinquante piastres (environ 250 francs).

Pendant qu'il comptait cette somme aux trafiquants d'esclaves et qu'il se préparait à emmener celle qui lui appartenait désormais, les deux amies fondant en larmes, se juraient de ne pas se quitter. Il fallut user de quelque violence pour les séparer.

Une fois dehors — et libre, elle le sut immédiatement — la jeune Annamite désolée, inconsolable, montra combien peu elle était sensible à ce que l'on faisait pour elle, si l'on ne pouvait pas étendre le même bienfait à l'amie qu'elle appelait sa sœur. Le mandataire du groupe d'honnêtes gens dévoués à l'œuvre du rachat des esclaves ne pouvait dépasser la limite de ses instructions.

Après avoir mis son « acquisition » en lieu sûr, il s'en alla prendre avis de ceux qui le faisaient agir, et réussit sans doute à exposer ce cas intéressant, car il revint deux heures après demander le prix de l'autre jeune fille, qu'il n'eut pas de peine à reconnaître, tant elle avait pleuré.

Les marchands d'esclaves, devenus subitement soupçonneux, taxèrent celle-ci à cent piastres et le brave Chinois dut en passer par là.

Le rapt de ces deux filles s'était produit de façons très différentes. L'une, la chrétienne, avait été enlevée dans la petite île de Biene-Cheune, sur la côte du Tonkin, dans une localité où la physionomie des femmes n'est pas désagréable. Malgré le fort, qui dégage difficilement d'un fouillis de verdure des canons d'étrange forme, à qui leur antiquité donnerait le droit de figurer dans un musée d'artillerie, une jonque de pirates n'a jamais hésité à venir mouiller à une encâblure du rivage. Si bien que les habitants de l'île ont pris l'habitude de payer rançon. Malgré cette précaution, la jeune fille avait été enlevée, avec plusieurs femmes et enfants.

C'est par la ruse que l'on s'était rendu maître de son amie, villageoise de Touane-ane, qui est le port de Hué. Une jonque avait apporté diverses denrées destinées à la capitale, et, sans doute, ne voulait pas s'en retourner sur lest. Les mariniers, forbans à leur heure, s'étaient mis en chasse, procédant avec adresse pour attirer du côté de leur navire des garçons et des jeunes filles.

Celle dont nous parlons fut accostée par deux aimables compères aux yeux en coulisse, à la bouche largement fendue, qui semblaient admirer le pays, s'abritant de leur éventail contre les ardeurs du soleil. Avec quelques compliments aux lèvres, ils abordèrent la belle et ce fut à qui des deux agiterait au-dessus de sa tête avec le plus d'empressement, son éventail.

Or, ces éventails chargés d'une poudre narcotique, secoués sur le visage, devaient infailliblement étourdir celle qu'ils choisissaient pour victime. Somnolente, privée de réflexion, elle suivit automatiquement les perfides jusqu'à leur bateau — qui poussa au large lorsqu'il eut ramassé un butin suffisant.

La jonque de commerce avait passé à de véritables marchands d'esclaves les adultes qui remplissaient sa cale, et voilà comment les deux jeunes filles annamites délivrées à Pac-hoï avaient eu l'occasion de se reconnaître.

La même main généreuse qui a rompu leurs chaînes a aussi travaillé à leur rapatriement.

SACRIFICES D'ENFANTS

(INDE.)

Les Anglais, en faisant de l'Inde un empire an-
nexé aux Trois-Royaumes ont pris à cœur d'y dé-
truire les superstitions sanguinaires et les crimes
particuliers à certaines castes, qui ont si longtemps
perpétué la plus effroyable barbarie au sein de
l'antique terre des Brahmanes.

Dès 1829, l'odieuse coutume (*Suttie*) qui poussait les veuves hindoues à se brûler sur le bûcher
de leurs maris, était abolie par lord William Ben-
tinck, sur tous les territoires de la célèbre compagnie des Indes.

Les Thugs, disciples de la déesse Khali, ont été
depuis traqués dans leurs ténébreuses retraites; les
empoisonneurs, qui joignaient le crime au vol,
sont devenus l'objet de poursuites rigoureuses devant les tribunaux.

L'infanticide, largement pratiqué jadis parmi les tribus des montagnes et des forêts du centre de l'Hindoustan, à l'égard des enfants du sexe féminin, a diminué sensiblement, grâce aux institutions administratives imposées à une race aborigène demeurée en dehors de la civilisation de l'Inde brahmanique.

Les agents du gouvernement britannique ont aussi refrené le zèle religieux plus qu'excessif, qui poussait tant d'Hindous à se précipiter sous les roues du char de Jaggernauth : ils croyaient par une mort volontaire, et des souffrances d'un instant, gagner des éternités de félicité. — Cent quatre-vingts millions d'adeptes d'un culte de trois mille ans, réglé par des livres sacrés que la mémoire des peuples a conservés sans altération d'une syllabe, envoient encore chaque année leurs pèlerins au temple, toujours vénéré, de Krishna ; mais ce sont les Anglais qui réglementent les cérémonies et, par leur intervention, sauvent bien des existences.

Les conquérants de la péninsule hindoustanique ont beaucoup fait aussi pour arriver à l'abolition des sacrifices humains dans le Khondistan ou Gondwana. On évaluait encore, vers le milieu de ce siècle, le nombre des victimes de cette sanguinaire superstition à trois ou quatre cents chaque année.

C'est dans le même milieu que l'infanticide était depuis des temps immémoriaux passé dans les mœurs.

Cette région du Khondistan est assez facile à indiquer sur une carte. Dans le golfe du Bengale, sur la côte du Coromandel se trouvent les bouches nombreuses du Maha-Naddy, la grande rivière. Ce fleuve apporte ses eaux au golfe, dans le district de Cuttack, où il crée un vaste delta, qui couvre un espace de trois cent cinquante lieues carrées. Le pays est extrêmement marécageux; il est bas et couvert de forêts. C'est des régions montueuses du nord-ouest, peuplées des tribus difficiles à civiliser dont nous parlons, que descend le Maha-Naddy.

Le pays fut jadis, si l'on en croit des traditions écrites, une sorte d'Eden, célèbre par la beauté de ses sites et la splendeur de ses villes; c'était un sol sacré, terre d'élection des brahmanes, et où les pèlerins affluaient de toutes parts; les cités ont disparu l'une après l'autre étouffées par l'exubérante végétation des jungles, tout autant qu'éprouvées par les révolutions religieuses et les désastres de plusieurs conquêtes successives.

Lorsque les Anglais pénétrèrent à leur tour en dominateurs dans cette région, et s'avancèrent vers les hauteurs : ils eurent tout à la fois à lutter contre les influences d'un climat meurtrier et contre la férocité d'une population intraitable : tout soldat qui, après avoir échappé aux flèches et à la hache des Khonds, tombait entre les mains de ces montagnards, était littéralement haché en morceaux.

A tant de cruauté native s'associait un culte des plus sanguinaires.

Le gouvernement britannique fit appel au courage et à l'expérience de plusieurs officiers de ses troupes, qui avaient appris à connaître le Khondistan en y faisant la guerre. C'est ainsi que, de 1840 à 1854, le major général John Campbell reçut commission d'utiliser les notions acquises par lui pendant une campagne de deux ans, et de mettre à profit ses relations avec les principaux *bissoïs* ou chefs de tribus, en vue d'obtenir la suppression d'un des rites les plus monstrueux qui soient nés des inspirations du fanatisme.

Le major Campbell eut bientôt la certitude que dans la région montagneuse de plusieurs districts limitrophes, le Goumsur, le Boad, le Chinna-Kimedy, le Jeypoure, des victimes humaines étaient fréquemment offertes, soit au dieu de la terre, Tado-Pennor, soit au dieu rouge des batailles, Manuck-Soro, soit à Boro-Penno, le dieu grand, soit encore à Zaro-Penno, le dieu du Soleil. Les sauvages populations de ces districts, descendants probables des premiers habitants de la péninsule, conservaient un culte antérieur à celui de la première invasion de leur territoire.

Indépendamment des victimes offertes dans un intérêt général, pour s'assurer de riches moissons ou des succès dans une entreprise belliqueuse contre une tribu rivale, il n'était pas rare, ainsi que

Fig. 9. — Femme mériah.

l'apprit le commissaire anglais, qu'un de ces naïfs et sauvages montagnards se sacrifiât volontairement pour être agréable à quelque divinité de son choix.

« D'une tribu à l'autre, a écrit cet officier général, le mobile et le cérémonial du sacrifice pouvaient différer; mais on retrouvait chez toutes la même impitoyable cruauté. L'achat des victimes, appelées *mériahs*, était une condition essentielle du rite. Ni l'âge, ni le sexe, ni le culte n'étaient d'ailleurs déterminés; on préférait cependant les adultes aux enfants ou aux vieillards, comme coûtant plus cher et mieux venus par conséquent de la divinité à laquelle on les immolait. Le plus ou moins d'embonpoint était aussi un motif de préférence. »

Les malheureux que l'on réussissait à se procurer soit à prix d'argent, soit par de mensongères promesses, traités avec ménagement d'abord, étaient gardés à vue quelquefois pendant plusieurs années, avant de tomber sous le fer du sacrificateur.

Le supplice, — car c'en était un, — variait suivant les lieux. En certains endroits, on étouffait la victime entre deux planches graduellement resserrées autour de la poitrine, et lorsque le prêtre ou magicien la voyait aux prises avec la suprême angoisse, à coups de hache il coupait le corps en deux.

Ailleurs, tandis qu'une multitude fanatique dansait au son de la musique et chantait des hymnes, le mériah, stupéfié par la boisson, était amené au pied d'un poteau. Une fosse était creusée à côté : on l'y précipitait, assommé, la face contre terre dans le sang d'un pourceau égorgé au début de la cérémonie.

De son corps pantelant chacun des assistants venait arracher quelque lambeau, pour l'enterrer dans son champ et l'offrir à ses idoles de prédilection

Les commissaires anglais réussirent à intimider les montagnards du Khondistan, et obtinrent d'eux la promesse de renoncer à leurs abominables pratiques. A maintes reprises, ils se firent remettre les infortunés destinés à de futurs sacrifices. On ne les leur livrait qu'avec une extrême répugnance, dans la persuasion que les dominateurs de l'Inde ne tenaient qu'à se procurer des mériahs pour en faire eux-mêmes un immense holocauste à leurs dieux.

Toutefois, en une période de dix-sept années, les commissaires furent assez heureux pour arracher plus de quinze cent victimes vouées à une mort affreuse. On conviendra que ce fut là un beau succès pour l'influence britannique dans l'Inde.

Mais qui oserait affirmer que les sacrifices humains

sont à jamais répudiés dans les parties les moins accessibles de la péninsule? C'est toujours sous le coup de menaces sans cesse renouvelées, que les montagnards ont remis aux mains des agents du gouvernement les mériahs destinés par eux à de secrets sacrifices et qu'ils s'étaient procurés non sans difficulté [1].

On peut croire que les prêtres de ce culte atroce battent en brèche de tout leur pouvoir l'autorité, plus nominale que réelle, du gouvernement britannique. Un fait en quelque sorte récent, suffirait à le prouver.

Dans un village voisin de Karial, une famille indigène vivait du produit de son industrie. Les arbres des jungles et des forêts étaient exploités par elle, avec les insectes qu'ils attirent. Le père et le fils aîné recueillaient pour les vendre la cire et le miel, produits d'abeilles laborieuses qui accumulent dans leurs nids jusqu'à sept rayons.

La famille y ajoutait accessoirement un autre gagne-pain : l'insecte qui donne la laque écarlate s'attache aux minces branches d'un arbre appelé *asan*, très multiplié dans les jungles de la région, et s'entoure d'une sorte d'alvéole de cire.

---

1. Le prix d'acquisition des mériahs variait jadis de soixante à cent trente roupies (de 150 à 325 francs).

Fig. 10. — Sacrifice de mériahs.

Les diverses opérations que subissaient et le miel et la laque constituaient la tâche de la mère et du plus jeune fils, demeurés souvent seuls au logis pendant les expéditions du chasseur d'abeilles et de son aîné.

Depuis plusieurs semaines, un homme de la caste Panou rôdait autour de la hutte, offrait ses services à vil prix, et peu à peu, il devint un commensal, presque un ami.

Assis par terre, enveloppé dans une ample couverture de coton, la tête nue, les jambes nues, il passait de longues heures à suivre d'un regard inquiet les mouvements de l'Indienne et de son fils.

Le Panou préparait ainsi le rapt du jeune garçon. Il prit si bien son temps, qu'il parvint, à l'aide de promesses, à se faire suivre au plus épais des forêts, par le trop crédule enfant.

Le père dès qu'il apprit ce malheur, se mit à la poursuite du Panou, mais trop tard. Ne pouvant retrouver sa trace, il alla porter plainte au commissaire anglais de Goumsur. Celui-ci fit une prompte enquête, et acquit la certitude que des dispositions avaient été prises clandestinement pour préparer un sacrifice humain. Les Khonds s'étaient flattés d'échapper cette fois à la surveillance de l'autorité.

Déjà des courriers échelonnés dans les campagnes

se préparaient à faire parvenir à de grandes distances et rapidement, — car il est essentiel que ce soit dans la journée même de la lugubre cérémonie, — les lambeaux de chair de la victime, destinés à mériter ici les faveurs d'une idole, là, d'abondantes récoltes, eu un troisième lieu, à satisfaire aux exigences de la culture du safran, — dont il est impossible, selon la superstition, d'obtenir une couleur foncée sans effusion de sang.

Le commissaire de Goumsur dépêcha un officier anglais et quelques soldats indigènes vers le lieu désigné pour le rassemblement.

Mais quelque diligence que fit la petite troupe, elle arriva au moment où le jeune Hindou venait d'être étouffé. Un prêtre hideux, le couteau à la main s'apprêtait à dépecer le mériah pour satisfaire aux plus pressantes exigences, celle des dieux de son abominable culte, tandis qu'une horde de véritables démoniaques se ruaient dans une orgie sanglante vers les tristes restes du malheureux enfant du chasseur d'abeilles.

Un cipaye amena le bourreau à son officier irrité; il le tira des ruines derrière lesquelles s'accomplissait l'affreux mystère. Mais le maudit sorcier parut la tête haute, rapportant le corps de la victime, avec l'espoir conçu par lui que l'acte étant sans réparation possible, on lui laisserait la proie attendue par tous ceux qui s'étaient concertés, pour en faire l'acquisition au Panou, en bonnes et valables roupies.

L'officier se contint pour ne pas frapper de son épée l'audacieux meurtrier. Il ordonna à ses hommes de le laisser aller et le prêtre de Tado-Pennor retourna au milieu de ses sauvages compagnons.

Le Panou l'aborda le premier, et, pour le consoler de son insuccès, lui promit de lui amener bientôt un nouveau mériah, une belle fille, cette fois; il savait, disait-il, où la trouver, sa fable était prête, et elle ne résisterait pas à la perspective d'un travail bien payé dans la montagne.

Mais tandis que le prêtre et le pourvoyeur de l'autel des sombres divinités se concertaient, autour d'eux s'élevait une rumeur de mécontentement; et l'on vit se renouveler un fait qui s'était produit déjà, un jour que le capitaine Frye se faisait livrer une jeune fille mériah et reprenait en toute hâte avec elle le chemin de son camp.

Les Khonds, subitement déçus au moment où leur exaltation atteignait son paroxysme, tournèrent leur fureur contre leur magicien, et le sacrificateur fut mis en pièces, sacrifié à son tour.

Parmi ces montagnards, quelques-uns venaient de fort loin, il leur fallait une satisfaction. Ils s'en donnèrent bientôt une seconde. L'un d'eux désigna aussi le Panou à la colère des plus fanatiques; il l'accusa de n'avoir pas pris assez de précautions et de voler leur argent.

On se rua sur le pourvoyeur de chair humaine. Il fut mis en pièces, et en un moment cent débris de son corps allèrent çà et là, grâce aux messagers rapides, satisfaire tant bien que mal le dieu de la terre, dans les champs nouvellement ensemencés.

Cette double exécution venait d'avoir lieu, lorsque l'officier anglais dispersa les adorateurs de ces divinités hostiles que l'on apaise par du sang répandu. Par lui, on connut ces diverses circonstances. Elles étaient une faible satisfaction offerte aux parents de l'intéressante victime; mais les agents du gouvernement se promirent bien, dans leurs entrevues journalières avec les chefs des tribus montagnardes, de faire valoir de tels faits à l'appui de leurs réclamations; car ils s'efforcent de compléter une tâche entreprise pour l'honneur de l'humanité.

CHEZ LES COLONS DU GRAND-CHACO

Les pays frontières du Brésil, voisins de la région centrale de l'Amérique du Sud, encore possédée par les Indiens insoumis, sont périodiquement visités par des tribus pillardes, terreur de ces contrées. Ces Indiens ne se contentent par de dérober des bœufs pour aller les vendre par troupeaux chez les Hispano-Américains de l'Ouest, ils s'attaquent aux colons assez hardis pour venir s'établir par faibles groupes à la limite même où commence le monde sauvage, le désert — mais non le désert comme on a coutume de le concevoir...

Le Grand-Chaco est un immense jardin paysager, un parc comme n'en saurait tracer la main de l'homme.

C'est ainsi qu'à la faveur de la nuit un village est investi par des Indiens venus du Grand-Chaco.

La population terrifiée court aux armes ; mais elle songe bien plus à assurer la retraite des femmes et des enfants qu'à faire une sérieuse résistance. C'est qu'ils se font redouter ces « Indios bravos » ! Dédaignant les artifices et l'attirail guerrier auxquels ils recourent lorsqu'ils se battent entre Peaux-Rouges, ils n'ont point chargé leur visage et leur poitrine de ces terribles figures destinées à effrayer leur ennemi : ils savent qu'avec les Visages-Pâles ce serait peine perdue ; ils ont également laissé de côté le justaucorps taillé dans la peau d'un puma — c'est le lion d'Amérique — ou d'un jaguar, ainsi que la cuirasse et la coiffure faite avec le solide cuir du tapir, parce que ces pièces de leur costume n'offrent pas de résistance à une balle de carabine.

Mais ils ont d'autres moyens d'action bien autrement redoutables. Ils arrivent à cheval, au milieu de la nuit, dérobant le bruit de leur marche ; ils font pleuvoir sur l'établissement des colons des flèches à la pointe desquelles sont fixés de petits tampons de coton enflammés. Ces flèches tombant sur des toits de paille ou de bois, sur des meules, mettent le feu partout.

Après une chaude journée la population d'un établissement agricole cherche un repos gagné par les rudes labeurs du défrichement. Tout à coup, le

Fig. 11. — Indien du Grand-Chaco.

ciel s'illumine de lueurs sinistres; le feu est aux quatre coins du village; des granges brûlent, élairant la nuit, et permettant aux assaillants de concerter leur attaque.

Les plus hardis, les plus jeunes des colons apparaissent en armes, cherchant l'ennemi; ils se réunissent pour faire une trouée ou se dispersent pour combattre à l'abri. Au milieu des flammes et de la fumée, sous une grêle de flèches, au pétillement des carabines, les non combattants — les vieillards — organisent la retraite pour mettre hors de la portée des pillards les femmes et les enfants, le bétail, les récoltes, les meubles, tout ce qu'on peut emporter.

Les chevaux effarés hennissent, les bœufs se mettent à courir, les poules s'échappent dans toutes les directions, rasant l'herbe en poussant de grands cris d'effroi. Si les femmes gémissent, si quelques enfants pleurent, personne ne perd la tête : on a eu déjà de semblables réveils; bien souvent dans les soirées d'hiver, ou l'été, dans le repos de la journée, on a entendu raconter des histoires d'invasions à main armée.

En général, si les colons tentent de résister, l'avantage finit par être du côté de la poudre. Toutefois, on fuit, en laissant aux hommes le soin de repousser l'attaque et d'assurer la retraite. Quant à éteindre l'incendie, il n'y faut pas songer; on fuit donc. Les jeunes garçons s'éloignent à regret et, marchant à reculons, montrent le poing aux faces cuivrées, mais ils obéissent; ils font un rempart de leurs corps aux petites filles; les mères portent dans leurs bras les derniers-nés et traînent, attachés à leurs jupes, ceux qui peuvent marcher tout seuls. Les vieillards infirmes sont couchés sur un matelas jeté sur une charrette à bras; quelques hommes armés de carabines et de révolvers s'éparpillent sur le flanc de la colonne...

Mais à l'autre bout du village, du côté des déserts, une lutte corps à corps est engagée entre les Indiens et les colons. Ces derniers sont en majeure partie des Alsaciens, des Allemands, des Irlandais, des Basques... Les Indiens du Grand-Chaco poussent des hurlements, les Visages-Pâles menacent et jurent en toutes les langues. Plus d'un habile chasseur abat coup sur coup deux cavaliers rouges en déchargeant sa carabine à double canon. Mais plus d'un colon est renversé d'un coup de lance, percé d'une flèche ou assommé d'un coup de casse-tête.

Les Peaux-Rouges sont si nombreux que les colons reculent. Ils sont débordés sur leur droite, et les dernières voitures du convoi qui fait retraite, sont attaquées par les Indiens. Là encore des hommes sont tués, des femmes sont terrassées, des enfants sont enlevés, des chevaux et des bœufs sont saisis et entraînés dans des fourrés.

De derrière les grands arbres qui bordent la route frayée dans la forêt vierge, s'élancent en poussant leurs cris de guerre des sauvages demi-nus, grands, d'un aspect terrible. Ils choisissent leurs victimes et disparaissent, les entraînant du côté où sont les chevaux. Le pillage ralentit l'attaque ; les colons repoussés viennent se retrancher derrière les voitures pour faire un dernier rempart de leur corps à leurs enfants.

Mais les cavaliers rouges, maîtres du village, profitent de la terreur qu'a produite la soudaineté de leur attaque. Ils réunissent en toute hâte leur butin. Ce qui peut se transporter est chargé sur les chevaux et les bœufs capturés ; quelques-uns lient sur leur chevaux des enfants prisonniers, ou les garrottent dans une vaste poche de cuir pendue à la queue de leur monture... Enfin les Peaux-Rouges, emmenant leurs blessés et leurs morts, disparaissent, éclairés dans leur retraite par l'incendie qui acquiert en ce moment toute son intensité.

Les colons reprennent alors l'offensive et précipitent la poursuite. Les pillards ont une rivière à traverser, c'est là que, retardés, ils seront atteints et de nouveau devront livrer bataille. Mais les Peaux-Rouges se jettent à la nage ; d'une main ils tiennent la bride des chevaux sur lesquels est chargé le butin ; à la queue de ces animaux sont attachés les poches de cuir en forme de paniers devenus nacelles et qui contiennent les plus jeunes enfants enlevés ; parfois les ravisseurs tirent à eux en nageant ces nacelles improvisées, par un bout de corde dont l'extrémité est serrée entre leurs dents ; les objets les plus précieux sont tenus hors de l'eau, fixés aux lances. Les plus vaillants de ces Peaux-Rouges tiennent tête à l'ennemi, tandis que le gros de la troupe s'échappe.

Heureux les colons s'ils parviennent à enlever aux pillards une partie de ce qu'ils ont dérobé, et surtout quelques-uns de ces enfants dont les centaures du Grand-Chaco comptent faire l'éducation et utiliser, à leur profit, l'énergie et l'intelligence. Les races blanches affirment une vitalité supérieure, qui contraste singulièrement avec l'étiolement auquel semble vouée la famille indienne.

*
* *

Eh bien ! malgré ce danger imminent d'une lutte mortelle sans cesse renouvelée avec les ennemis de toute civilisation, les établissements des émigrants européens s'avancent chaque jour de quelques lieues vers les solitudes du centre de l'Amérique méridionale.

Le travail de défrichement qu'il leur faut accomplir est extrêmement rude; non seulement les hommes vigoureux y dépensent leurs forces, mais il y a de la besogne pour toute la famille venue de l'ancien monde, même pour les jeunes enfants. Pensez donc! il s'agit avant d'ensemencer et de planter, de créer le sol de la future ferme. Cela ne se peut qu'en pratiquant une éclaircie dans la forêt vierge.

Le colon n'a tout d'abord devant lui que cette forêt impénétrable : il faut qu'avec la hache gisant à ses pieds et en se faisant de l'incendie un auxiliaire il convertisse l'épais taillis en un champ où passera la charrue. C'est un fouillis inextricable de lianes, enlaçant la haute végétation et formant avec les broussailles et les fougères arborescentes une masse épaisse de verdure que les orchidées émaillent de leurs vives couleurs; les plus hardies de ces lianes s'élancent et entourent de leurs spirales infinies le tronc de quelque vieux sapoucaya; les aloès ouvrent leurs calices, les cactus se dressent en gigantesques candélabres et se parent d'une grande fleur rouge. En avançant, la forêt devient plus accessible : après la bordure, — le rideau — de plantes et d'arbustes qui en défendent les approches se dressent, espacés et droits, de grands arbres dont les frondaisons forment, à quinze ou vingt mètres au-dessus du sol, un vaste dôme, — jaquétibas géants, vignaticos se joignant par leurs hautes branches, pour former des arcades en ogives aussi régulières que celles de nos vieilles cathédrales. Dans cette partie de la forêt le soleil ne pénètre jamais; on dirait la voûte et les piliers d'une nef gigantesque; mais sans soleil point de lianes, point de broussailles : au pied des arbres les feuilles qui tombent chaque année depuis des siècles forment une couche élastique.

Le chariot du colon arrive bondé d'enfants curieux : les perroquets font entendre leurs voix bruyantes au plus profond des gorges, dans les vallées, d'où les Indiens ont été chassés, refoulés vers le centre du continent. Ces aras splendides déploient en tournoyant leurs grandes ailes de pourpre; il y a aussi l'ara aux ailes bleues et à la poitrine d'un jaune éclatant, et l'ara plus rare aux ailes entièrement bleues. Séduction inutile ! Le colon est positif. Les Indiens sont loin, mais dans le taillis se dérobent encore les onces, les tapirs et le serpent corail, dont la morsure est mortelle. Il faut se mettre à l'œuvre ou rebrousser chemin... A l'œuvre ! on ne faiblira pas devant sa famille après avoir répété tant de fois : l'Amérique est la terre de nos enfants !

La hache retentit à coups répétés, la flamme achève la destruction, et des centaines, des milliers de tronc noircis par le feu gisent sur le sol. Quelques mois après, au milieu de ce désordre, ondoient çà et là des moissons de maïs ; les fèves et les pommes de terre viennent à merveille dans la cendre des défrichements ; enfin les colons obtiennent jusqu'à de magnifiques jardins d'orangers...

Et le village se forme. Des vaches paissent l'herbe du « commun », des chevaux font entendre leurs hennissements, les poulains bondissent. Le pionnier qui passe, où il avait vu une forêt il y a quelques mois, entend l'aboiement des chiens, et au détour d'un bouquet d'arbres, il aperçoit une maison, plusieurs maisons ; devant les portes, des jeunes garçons s'ébattent au milieu des poules et des oies ; des femmes, des fillettes qui fréquenteraient encore l'école en tout pays, chevauchent à califourchon sur leurs mules, sans bas ni souliers, le gros orteil seul dans l'étrier, le mollet nu jusqu'au genou, serrant les flancs de leur monture ; quelques-unes s'apprêtent à transporter les produits du sol au plus proche établissement, hier village, ville aujourd'hui. Ce serait bien beau sans les Peaux-Rouges !

Mais ces jeunes garçons qui s'ébattent joyeusement, ces petites filles qui savent manièr un cheval
et sont en état d'accomplir un temps de galop avant
de savoir faire un tour de valse, vivent sous la
menace perpétuelle d'une razzia.

*
* *

Les enfants enlevés par les Indiens, font un
apprentissage forcé de la vie sauvage. On leur rase
le front très haut et le tour de la tête; les sourcils
et les cils leur sont arrachés avec le désir de donner
par cette opération plus d'acuité à la vue. Mayne-
Reid raconte que les Indiens du Grand-Chaco se
moquent des Européens et des colons qui ne suivent
pas cette mode. Ces Indiens prétendent, assure-t-il,
que nous ressemblons ainsi aux autruches, dont
une espèce, le nandou, habite leur territoire et qui
seules, en effet, entre les oiseaux, ont les paupières
garnies de cils.

Le vêtement des pauvres petits est tout de suite
réduit à l'indispensable : une écharpe de coton ou de
laine teinte, enroulée autour des reins; ce n'est guère
que plus tard, après des exploits cynégétiques,
qu'ils pourront se parer, en guise de manteau, de

la dépouille d'un jaguar ou d'une loutre. La tête
et les pieds restent nus.

Devenus nomades, ces enfants n'auront plus que
l'abri élevé à la hâte avec des nattes de jonc. En
dehors de la saison des pluies, un hamac suspendu
entre deux arbres constituera leur chambre à cou-
cher.

Ils apprendront à manier les armes des Indiens
du Chaco, la grande et lourde massue en bois de
gaïac, la longue lance, l'arc, le lasso, et les « bolas »;
— ces dernières destinées plutôt à la chasse qu'à la
guerre. Le lasso se lance sur les animaux pour les
arrêter dans leur fuite; les bolas, qui ne sont autre
chose qu'un lasso à l'extrémité duquel sont fixées
des boules de fer, adroitement jetées, s'enroulent
autour des jambes et du cou...

L'équitation tiendra aussi une large place dans
l'éducation des petits Visages-Pâles. Chez les centaures du Grand-Chaco, ils sont à bonne école :
c'est à l'aide de la lance que chez eux on se met en
selle, disons mieux, qu'on enfourche sans selle des
chevaux ardents qu'une lanière de cuir passée dans
la mâchoire inférieure suffit à diriger. Il y a beaucoup à apprendre avec de tels maîtres, la course au
galop à travers les lianes et les broussailles, tantôt
pour mieux surprendre un adversaire en imitant le

vol circulaire de l'oiseau de proie, sans ralentir l'allure, tantôt en sautant d'un bond sur la croupe, pour ne pas perdre de vue le cerf ou le nandou poursuivi, ou pour traverser une rivière sans prendre un bain...

Les jeunes chasseurs apprécieront bientôt la saveur de la chair des singes hurleurs que l'on rencontre dans les arbres des forêts, et celle des loutres ou nutrias chassées sur les rivières, ainsi que les canards et les oies sauvages. Ils chasseront aussi pour s'en nourrir le cabiai, rongeur amphibie bien supérieur au tapir; dans les plaines, ils poursuivront le cougouar et le jaguar, dont la dépouille est partagée suivant une sorte de rite entre tous les membres d'une tribu; ils forceront dans son terrier la viscache qui ressemble à un gros lapin, avec des incisives plus fortes et une queue allongée, et iront chercher le pécari au fond des marécages où il vit.

C'est presque toujours à cheval qu'ils apprendront à forcer le cerf et le nandou pour les achever ensuite, d'un coup de lance; les flèches servant à tirer les autres gibiers, même le gibier d'eau. Dans ces chasses, il auront pour auxiliaires des chiens d'un flair excellent. Les Indiens du Grand-Chaco possèdent des meutes nombreuses de ces chiens;

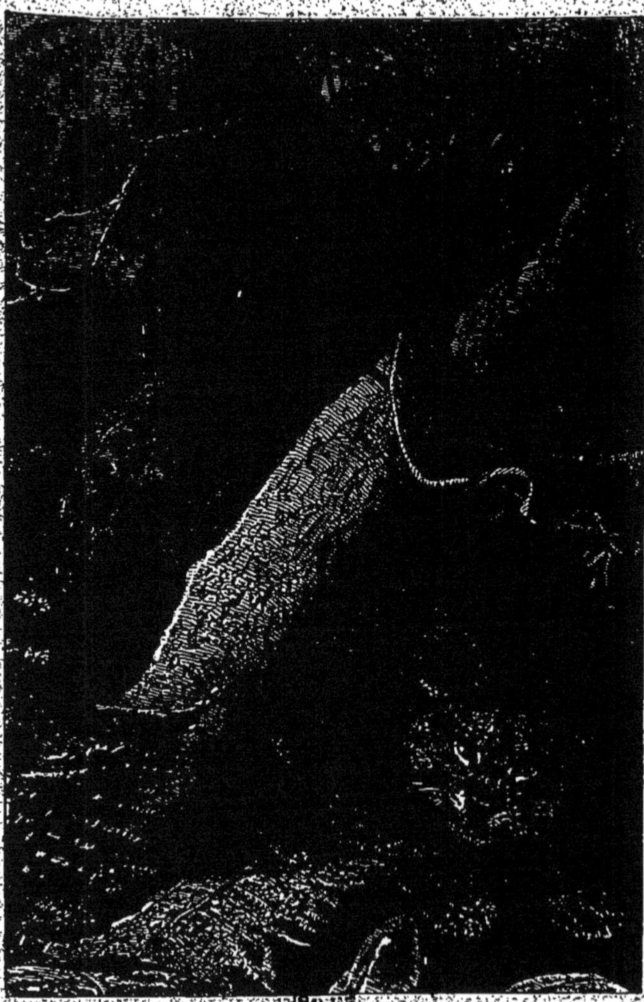

Fig. 12. — Le Jaguar.

qui sont de petite taille et se creusent eux-mêmes des terriers pour leur habitation.

Aux aliments accoutumés, ils substitueront les produits de la chasse, et ce que le désert offre, les fruits sauvages, les noix de palmier, les ananas; chez les Indiens du Grand-Chaco avec les semences du mimosa bien pétries on fait une sorte de pain; ces mêmes semences mêlées au miel et fermentées, produisent une liqueur capiteuse.

De ces enfants ainsi ravis à leurs parents, il en est qui oublient bientôt leur première existence et jusqu'à la langue qu'ils ont parlée au foyer paternel, jusqu'aux chansons qui les endormaient sur les genoux de leur mère. Le petit Hermann a reçu le nom de *Pluie-Qui-Marche;* la petite Dora, l'Irlandaise, est devenue *Rosée-du-Matin;* son frère Patrick a été affublé du nom de *l'Oiseau-Criard,* et Joan le Basque est maintenant *le Petit-Rat-Musqué.*

Au moyen de ces rapts, souvent renouvelés, les tribus indiennes du Grand-Chaco tentent de combler les vides que font dans leurs rangs la guerre, la misère, les maladies dues au contact, même passager, des Européens. Les enfants enlevés à leurs familles apprennent à détester les envahisseurs du sol américain. Rarement, les Indiens consentent à leur rachat.

On raconte, dans les provinces frontières du Brésil, le soir, après le dur labeur de la journée, des anecdotes navrantes d'enfants qui sont revenus avec leurs ravisseurs piller des villages, des fermes, attaquer des convois de bœufs et qui, blessés, faits prisonniers, ont été reconnus par leurs compatriotes, par les amis de leurs familles... Quelques-uns de ces enfants, devenus jeunes hommes, ont alors comme une révélation du passé; ils abhorrent tout à coup la nouvelle existence qu'on leur a faite et brûlent de se venger; d'autres n'ont plus souvenir de rien et ne veulent pas croire ce qu'on leur apprend de leurs jeunes années; enfin il en est qui, tout en se reconnaissant dans le milieu d'où ils ont été violemment arrachés, demeurent indifférents à ces bienfaits de la civilisation qu'ils ont perdus; un beau jour ils disparaissent : on ne les revoit plus; le désert les a attirés par ses affinités mystérieuses.

LES JEUNES CHASSEURS DE LOUTRES

(ALASKA.)

Ainsi que chez tous les peuples sauvages, les enfants des Peaux-Rouges de l'Alaska sont de bonne heure mis en devoir de ne pas être une charge pour leur famille; par surcroît, ils font, pour leur propre compte, l'apprentissage de la vie : c'est toute leur éducation.

L'Alaska est, on le sait, un territoire de l'extrême nord de l'Amérique, cédé en 1867 aux États-Unis par la Russie qui en avait pris possession au siècle passé. Ce pays, à peine habité par des Indiens, d'une race vigoureuse, n'était guère exploité que par une compagnie russo-américaine de marchands de fourrures, organisée sur le plan de la célèbre Compagnie de la baie d'Hudson, et ayant des forts sur divers points, où ses agents se mettaient en relations d'affaires avec les indigènes, tous plus ou moins chasseurs.

Les Russes tenaient une petite garnison dans l'île Sitka; ils avaient fondé la Nouvelle-Arkhangel. Leurs navires faisaient la police du littoral pour empêcher les baleiniers américains qui fréquentent le nord du Pacifique et la mer de Behring, voisine des mers polaires, d'acheter aux indigènes les pelleteries dont la compagnie russo-américaine se réservait le trafic.

Ces pelleteries proviennent de divers animaux : castors, ours, martres appelées dans le commerce zibelines, renards argentés, renards rouges et loutres.

Curieuse est cette chasse à la loutre marine, faite en canots de peaux et d'écorces, et qui ressemble tant à une pêche! Elle est bien de nature à émoustiller les jeunes Peaux-Rouges qui y suivent leurs aînés et leurs pères. C'est en mars, en avril et en mai qu'elle a lieu, parce qu'à cette époque les fourrures de l'amphibie sont dans leur plus grande beauté.

Les Indiens qui s'y livrent avec le plus d'ardeur sont ceux des îles Aléoutes, où les montagnes volcaniques vomissent la fumée de leurs feux souterrains à des hauteurs perdues dans les nuages; ceux de la côte rocheuse, dentelée, de la presqu'île d'A-

laska, couverte de pics neigeux, et aussi les Koliouches de la baie de Bristol. Ils lancent leurs baïdares
sur les eaux de la mer de Behring, à peine sont-
elles libres de glaces; ils se dirigent en flottilles nombreuses vers la petite île Saint-Paul, où abonde la
loutre de mer, qui forme la richesse de la région.
Cette île est située au nord de l'archipel aléoutien,
et juste en face du détroit de Behring.

Ces Indiens chasseurs de loutres sont réputés pour
leur hardiesse et leur habileté comme marins et
comme chasseurs. On les a appelés des « hommes
poissons », et c'est un qualificatif qu'ils méritent de
bonne heure, — au sortir de la première enfance.

*
* *

A sept ans, le petit Peau-Rouge, gros et gras,
tout emmitouflé de peaux de lièvres blancs, et rond
comme une boule de neige, abandonne le tour du
foyer établi au milieu de la hutte paternelle, — cette
hutte, à demi creusée dans le sol, qu'elle dépasse
comme une énorme taupinière, par son toit en dôme,
formé de débris des grands arbres des forêts que
déracinent sur leur passage les fleuves larges et rapides de la froide péninsule. Elle est percée d'un
trou central, par où s'échappe la fumée.

Le « sauvageon » renonce à sa poupée, œuvre intelligente de sa mère, au caractère resté jeune, et il la lègue à sa petite sœur, laquelle a également hâte de sortir de l'enfance. Maintenant, il lui faut pour le satisfaire autre chose que les confitures de ménage faites d'airelles et d'une sorte de petite framboise conservée pour l'hiver dans l'huile de phoque. On ne l'y prendra plus à sucer, en guise de sucre d'orge, de petits morceaux de glace. Le rejeton Aléoute émancipé, ou le petit Koliouche, est possédé du désir d'apprendre à diriger un traîneau tiré par huit où neuf chiens hargneux, soit sur les rivières de l'intérieur durcies par le froid, soit sur la banquise qui soude sa glace à tous les caps du littoral, offrant ainsi des chemins en ligne droite.

A dix ans, armé d'un fusil deux fois haut comme lui, et habile à lancer la javeline, il suit son père à la chasse. Les précoces produits de la vie sauvage offrent le type le plus pur de la race rouge, grâce à l'isolement complet où est demeuré l'Alaska pendant tant de siècles. Ils partent pour devenir grands, bien faits, intelligents, et se montrent déjà patients et pleins de bonne humeur. Leur vêtement se compose d'une sorte de vareuse de pelleterie, avec capuchon. Le corps de cette principale pièce est formé de peaux d'écureuils, de martre, de loutre, de phoque, et surtout de rennes, quelques ornements en peau de glouton, pour le luxe. Ils portent des pantalons en peau de phoque et de renne et des bottes ou des chaussures de fourrures; de plus, par les grands froids, des gants de dimensions démesurées.

Généralement et de bonne heure, le petit Indien a une barre ou un anneau passé dans le nez ; il paraît que cela l'embellit. Il n'est pas rare de le voir porter, suspendue au même endroit du visage, quelque petite monnaie d'argent, reçue en gratification d'un voyageur ou d'un marin.

Lorsque le printemps arrive, c'est l'aîné des enfants qui aide le chef de famille à sortir de la cache, où elles ont été remisées à l'abri de la voracité des chiens à qui le saumon sec ne suffit pas toujours, les peaux de phoque servant à reconstruire de toutes pièces la baïdare ; c'est le jeune garçon qui les plonge dans l'eau pour leur rendre la souplesse, qui les oint d'huile, et enduit de graisse les coutures.

Le léger esquif est formé d'une carcasse très simple en branches de bouleau ou de saule, que les peaux recouvrent en entier, ne laissant qu'un vide pour celui qui doit le diriger. Ces peaux sont assemblées à l'aide de tendons, leurs coutures étant rendues imperméables par la graisse dont on les frotte. Il n'est pas difficile après cela de traîner la baïdare jusqu'à la mer.

Dans les deux ou trois spacieuses huttes communes que possèdent la plupart des villages du littoral, et où l'on se réunit pour parler affaires ou pour danser, la date du départ général pour la chasse à la loutre a été débattue et fixée. Bientôt les baïdares seront en grand nombre au rendez-vous; car ces chasses à la loutre marine sont exécutées en commun, et le partage est fait après. Chaque bande a son chef élu. Ounalachka, l'une des principales Aléoutes, envoie une véritable flottille de canots. Chacun de ces canots est monté par un chasseur armé de javelines. En outre des baïdares, il y a des baïdarkas, embarcations beaucoup plus grandes, où peuvent prendre place plusieurs pagayeurs et chasseurs. Là, les novices trouvent un banc et de multiples occasions de faire leurs premières armes.

*
* *

Le signal est donné; baïdares et baïdarkas s'élancent vers la haute mer, manœuvrées avec une adresse surprenante. Ces pirogues de cuir volent à la surface des flots, l'avant tourné vers la vague qui s'approche menaçante et passe en les soulevant. Les pagayeurs maintiennent la direction tantôt en frappant l'eau d'un bord tantôt de l'autre.

Cette mer ainsi affrontée n'est pas exempte de périls, et des traditions, sans doute exagérées, ont conservé le souvenir de sinistres où plus de mille Aléoutes auraient péri.

Les embarcations gagnent le large, la loutre se tenant le plus souvent éloignée du rivage à des distances de huit et dix kilomètres. Parfois, on la chasse, en cernant les îlots, des rochers à fleur d'eau où elle a établi sa demeure et se repose à sec sur des lits de varech. Quand on la rencontre sur la mer même, elle nage sans perdre haleine avec des mouvements très rapides et très gracieux.

De moment en moment, une loutre est signalée par un chasseur, et les jeunes Aléoutes se montrent ingénieux à les découvrir. On aperçoit l'amphibie au pelage velouté, se dressant verticalement dans l'eau, ou sautant parmi les vagues, une de ses pattes de devant placée au-dessus des yeux. Frappée mortellement d'une javeline, elle se jette sur le flanc et se couvre les yeux avec ses pattes. Souvent, à la première blessure, elle simule la mort pour profiter d'un répit et se dérober. Ces animaux ont la vie dure. Une loutre atteinte d'un trait plonge aussitôt ; elle peut rester une quinzaine de minutes sous l'eau.

Dès qu'elle revient à la surface de la mer pour respirer, elle est de nouveau le point de mire des javelines. Il n'est pas rare de la voir, percée successivement de huit ou dix traits, plonger autant de fois, puis reparaître encore jusqu'à ce qu'elle soit épuisée et hors d'état de fuir. On lui lance alors une dernière javeline munie d'un flotteur qui l'empêche de couler à fond. Un seul coup à la tête suffit à la tuer. Morte, la loutre est adjugée au chasseur qui l'a atteinte le plus près de la tête.

Au moment de ces grandes chasses, la mer de ces latitudes septentrionales est loin d'être débarrassée de glaces. C'est alors parmi les glaçons flottants que la poursuite de la loutre a lieu. Les glaces ne déplaisent pas à ces animaux, qui se laissent parfois transporter sur des banquises d'une plage à l'autre, — d'Amérique en Asie. Les chasseurs les trouvent établies sur les glaçons. Ils les surprennent endormies dans la pose enroulée des chiens.

On peut voir des bandes de jeunes Koliouches s'aventurer le long du littoral au moment de la débâcle des glaces, bien qu'elle se produise toujours dans des conditions terrifiantes. Sous l'action des vagues agitées par les vents du large, la masse flottante que le froid ne consolide plus, est brisée, soulevée par endroits comme par l'effet d'une explosion

de mine, désagrégée, bouleversée par la plus hor_
rible des tempêtes, où l'eau est aux prises avec des
corps résistants qu'elle entraîne et secoue. Souvent,
à l'ouragan se mêle la neige. Les vagues montent
sur les glaçons disjoints; les glaçons, jetés les uns
sur les autres avec un épouvantable fracas, s'en_
tassent, puis s'écroulent; d'énormes blocs plongent
jusqu'au plus profond de la mer pour reparaître,
l'instant d'après, au sommet des vagues qu'ils sur-
plombent.

Eh bien! ces hardis garçons, dont les plus âgés
n'ont peut-être pas quinze ans, endurcis déjà à toutes les fatigues, ont toutes les audaces : ils laissent
les « vieux » pêcher au bord des fleuves, abrités
contre la brise du nord par un paravent de leur
fabrication. Pour eux, mêlés à quelques hommes
faits, ils ne craignent pas de poursuivre les loutres au milieu du chaos des éléments. Armés d'un
bon couteau et d'un fort bâton, les pieds chaus-
sés de raquettes munies de crampons, suivis de
leurs chiens qui, au besoin, sont capables de les
tirer d'un mauvais pas, ils s'élancent. Sur les
plus vastes glaçons, les loutres se sont réunies;
ils les assomment à coups de massue, sans pitié,
ah! sans pitié! malgré les gémissements, les san-
glots presque humains de ces pauvres bêtes, si

douces, si câlines, qui, voyant la mort suspendue sur leur tête, se couchent aux pieds de leur enne-mi pour essayer de le désarmer par leur soumis-sion, rampant lentement autour de lui comme des animaux domestiques... Les loutres qui ont des petits se font tuer pour leur conserver la vie. Mais la même convoitise menace et elles et leur progé-niture. Les sauvages enfants de cette terre sauvage, si rapprochés de la bête par une commune misère et l'âpreté de la vie, ne se laissent nullement tou-cher; chasseurs farouches, il leur faut la fourrure de la mère et la fourrure des petits.

Les loutres tuées sont dépouillées avec dextérité sur la place même : le couteau y suffit et le temps presse. Mais qu'un glaçon emporte au loin les té-méraires chasseurs : alors ils doivent tout abandon-ner, ne songer qu'à leur salut. Ils se jettent à la nage; leurs chiens, retenus par une corde, les ai-dent à atteindre le rivage.

*_**

La loutre de mer a un mètre cinquante de long et pèse une quarantaine de kilos. Sa fourrure est d'un brun noir avec des mouchetures blanches, brillante comme du velours, elle surpasse en beauté la fourrure du castor. Très vieilles, les loutres sont toutes blanches, et la ruse croissant avec l'âge elles ne se laissent pas prendre aisément.

Les marchands de fourrures paient d'un prix assez élevé ces diverses pelleteries, dont un placement très avantageux leur est assuré. La plupart des peaux de loutres sont expédiées en Chine, les habitants du Céleste-Empire préférant à la zibeline, pour garniture de leurs vêtements de soie, la fourrure plus lourde de la loutre de mer. Ils paient les plus belles jusqu'à douze cents francs. Mais l'Asie et l'Amérique n'accaparent pas toutes ces fourrures magnifiques; il en vient aussi en Europe pour les gens frileux, élégants... et riches.

Dans les mêmes régions de l'Alaska, il est fait d'autres chasses. L'hiver, les Aléoutes attaquent, au milieu des banquises désagrégées, les phoques et les morses; mais ils ne vont pas gaiement à cette chasse, qui est beaucoup plus dangereuse que celle de la loutre. Les dents seules des morses et des phoques sont recherchées par le commerce.

Chaque année, c'est par vingtaine de mille que les chasseurs réunissent ces défenses d'ivoire.

La chasse qui succède à celle des loutres marines est celle des renards; elle a lieu avec le secours des chiens et en employant des pièges. Entre temps, on

dressé des pièges aux lièvres et aux ptarmigans, —
le ptarmigan est une sorte de coq de brúyère, —
on poursuit les perdrix blanches, et ceux qui possèdent un fusil ne dédaignent pas d'abattre cinq
ou six oies sauvages, lorsqu'au mois d'avril elles
arrivent du sud.

Ces chasseurs de l'Alaska ne sont pas gens à mo-
lester. De tribu à tribu, il existe des divisions qui
tiennent en éveil les étrangers, Américains ou Russes, ayant des intérêts sur leur territoire. Il con-
vient de ménager des sauvages où les jeunes garçons s'exercent au maniement des armes dès qu'ils
sont en état de les porter, et chez qui ne sont pas
rares les fusils à pierre, les carabines, les pistolets
et les revolvers.

LES ARCHERS NOIRS ET LES PARADISIERS

(NOUVELLE-GUINÉE.)

Il y a des joies réservées au chasseur celles, d'un beau coup de fusil. Mais lorsque le chasseur est un naturaliste, lorsqu'il a abordé après mille périls la terre inconnue objet de ses rêves, où il lui sera donné d'augmenter les richesses de la science; lorsque sa capture est une merveille de beauté, de splendeur, cette joie devient intense, — non cependant sans quelque mélange de regret. On le voit bien dans les émotions éprouvées par Wallace, par Raffray et par d'Albertis dans leurs excursions scientifiques à la Nouvelle-Guinée.

D'Albertis nous raconte dans ses voyages à la terre du paradisier, sa première chasse à l'oiseau merveilleux : « Ivre de joie, dit-il, je cours m'emparer de ma conquête; mais le cœur me manque, je ne puis étendre la main, le remords vient empoisonner ma victoire. Pauvre créature, toute frémissante de bonheur, il y a quelques secondes en-

core! que lui vaut maintenant son exquise beauté?...
Ce que vaut la gloire quand la vie est éteinte. Ça
et là quelques plumes, violemment arrachées, té-
moignent de l'œuvre meurtrière du plomb, et une
goutte de sang brillait, comme un rubis égrené avec
d'autres gemmes, sur un écrin de velours noir. »

Quant à la joie de Wallace, elle fut sans mélange; son premier paradisier lui fut apporté, un
soir, par un de ses domestiques. Mais quel étonne-
ment! quelle surprise! Il ne pouvait en rassasier
ses yeux.

L'oiseau merveilleux avait la majeure partie de
son corps d'un vermillon ardent, possédant le doux
éclat du verre filé, et passant, de teinte en teinte,
au jaune orangé sur les petites plumes courtes et
veloutées du cou et de la tête; le blanc pur et
soyeux du ventre était séparé du rouge de la gorge
par une bande d'un beau vert métallique; le bec
jaune, les jambes et les pattes d'un bleu magnifique
tranchaient vigoureusement sur le reste du corps;
l'œil à peine éteint, montrait au-dessus de la pau-
pière une tache ronde de nuance émeraude. Russell
Wallace eut des transports d'admiration, qui égayè-
rent fort ses hôtes; ils ne les comprenaient pas,
ne voyant dans leur « burong raya » rien de plus
que nous dans un de nos passereaux. Mais un des

rêves de la vie du naturaliste était accompli ; il possédait enfin un de ces rois
des paradisiers que Linné
avait décrits d'après des
peaux mutilées par les indigènes.

Les paradisiers, dont la
grosseur varie depuis celle
du merle jusqu'à celle de
l'alouette, diffèrent de tous
les oiseaux du même ordre
par leurs couleurs splen-
dides, leur élégance, et la
forme de leurs plumes. Ils
ont le bec droit ou légère-
ment recourbé, couvert à sa
base d'une membrane gar-
nie de plumes, qui dissi-
mule les narines. Leurs
ailes sont de moyenne lon-
gueur, fortement arrondies,
les sixièmes et septièmes
pennes dépassant les au-

Fig. 14. — Papou.

tres. Leur queue est rectiligne, formée de douze
rectrices. Les tarses, leurs doigts, leurs ongles sont
robustes. Chez les mâles de plusieurs espèces, les

plumes des flancs, très longues, effilées, souples et vaporeuses forment des parures que l'oiseau peut étaler et serrer à volonté.

Le plumage de la femelle est plus simple; elle n'a pas de parure aux flancs. Les jeunes oiseaux sont bruns, le dos d'une teinte plus foncée que le ventre.

Les paradisiers se rencontrent surtout à la Nouvelle-Guinée ou Papouasie, et dans les îles voisines, — Arou, Salwati, Meisol, Waigiru.

Sur les dix-huit espèces dignes de composer cette splendide famille, onze se trouvent dans la grande île des Papouas, située au nord du continent central et qui, par sa pointe occidentale, pénètre dans la Malaisie.

Quand les anciens voyageurs européens arrivèrent aux îles Moluques, en quête de la muscade et du girofle, on leur présenta des peaux d'oiseaux si merveilleusement belles qu'ils furent saisis d'admiration. Pour les trafiquants malais, c'était « l'oiseau de Dieu ». Les Portugais, qui ne leur voyaient ni ailes, ni pieds et qui ne purent apprendre rien d'authentique sur eux, les nommèrent « oiseaux du soleil ». « Il y a dans ces îles des oiseaux d'or qui ne se posent jamais à terre : on ne les contemple que morts, » a dit le poète Camoens,

en désignant les brillants oiseaux de ces contrées.
Les érudits hollandais les baptisèrent, oiseaux du
paradis. L'un d'eux, Jean Van Linschoten, écri-
vait en 1598, que ces merveilleuses créatures ha-
bitaient les airs; et que n'ayant ni pieds, ni ailes, elles ne se posaient à terre que pour mourir. En 1699, W. Funnel, compagnon de Dam-
pier, eut la rare fortune de voir des oiseaux de
paradis. Enfin en 1760, même alors que Linné
nommait la plus grande des espèces « paradisiers », on n'en avait pas encore vu en Europe,
et on ne possédait aucune notion sur leur manière de vivre.

Le naturaliste français Lesson, dans son court
séjour à la Nouvelle-Guinée, fut le premier savant
parmi nos compatriotes à qui il fut donné de voir
des paradisiers vivants.

Les paradisiers, nous l'avons dit, habitent les immenses forêts tropicales de la Nouvelle-Guinée. Ces
forêts, composées d'arbres séculaires, s'élevant à
des hauteurs prodigieuses, forment souvent deux
étages de verdure. Au-dessus des larges cimes touffues, se superposent d'autres cimes hautes : des palmiers, des ptérocarpus, des mimosas, des bois de
fer au tronc colossal. Sous ce couvert, croissent des
arbres moins élevés, tels que, le teck, si précieux

pour la construction des navires, le cocotier, l'arbre à pain, le muscadier à l'écorce de couleur cendrée mêlée de vert, dont la fleur offre l'aspect du lys des vallées, le casuarina qui sert à l'indigène Papoua pour faire ses flèches, le massoï, espèce de laurier-cannellier dont l'écorce est recherchée des Chinois, le palmier qui nourrit de son amande le sauvage, le sagou et le chou palmiste... Des pandanus odorants jaillissent comme des fusées de verdure d'un fouillis de branches et de feuilles disposées, celles-ci en panaches, celles-là en éventails, en bouquets, en guirlandes. Enfin, à travers toute cette végétation, se balancent des lacis inextricables de lianes qui s'entrelacent, s'enroulent, se déroulent, laissant retomber mollement ou redressant menaçantes leurs tiges flexibles; et des torrents s'y précipitent, poudrant d'écume leurs bords verdissants. Trop touffues pour laisser passage aux rayons du soleil, ces forêts entretiennent une humidité qui donne aux plantes une vigueur incomparable.

C'est là, au sein de ce demi-jour, sur les feuilles tout humides de rosée où planent insaisissables des myriades de beaux papillons, — « l'Ulysse » dont les ailes semblent taillées dans un saphir aux teintes nacrées et « l'Aile d'oiseau » au corset de velours noir taché d'émeraude et d'or, — qu'aux lueurs du soleil levant, indécises encore, pénétrent le sauvage Papoua, accompagné de ses jeunes fils.

Archers habiles déjà, ces derniers s'avancent avec précaution. Leur chevelure est crépue, leur corps svelte et élancé. Sur leur peau noire une ceinture d'écorce et d'anneaux de verroterie marque les reins. Ils ont à la main des flèches, garnies pour les émousser d'un cône de bois de la dimension d'une tasse à thé, afin de tuer les oiseaux qu'ils poursuivent, par la seule violence du coup, sans endommager leur plumage.

Les chasseurs pénètrent au plus sombre de la forêt, évitant de faire le moindre bruit, glissant sur les feuilles le cou tendu, l'oreille au guet, s'accrochant du gros orteil à une racine ou à une saillie de rocher; ils arrivent ainsi furtivement au pied des arbres fréquentés par les paradisiers. Ils grimpent jusqu'à la fourche d'un arbre et s'y établissent, en se cachant sous les feuilles pour attendre là qu'une de ces jolies créatures soit à leur portée.

Bientôt un cri sonore, solitaire, retentit au loin; le plus habile parmi les chasseurs y répond en imitant le cri de la femelle, et quelquefois avec un si parfait talent d'imitation qu'après une minute de silence d'autres cris se font entendre en se rap-

prochant; car il est rare qu'un paradisier soit seul
à répondre à une femelle.

Alors les chasseurs peuvent voir à quatre-vingts
ou cent pieds au-dessus deux un paradisier, filant
comme un météore ou un léger nuage doré, venir
se poser au sommet de la dernière branche d'un des
arbres environnants. C'est un mâle. Un deuxième
vient se joindre à lui, puis un troisième, quelquefois
un quatrième.

Alors commence entre ces oiseaux resplendissants
une joute de beauté, de grâce, de séduction ; c'est
le Grand Émeraude — « l'oiseau du soleil »,
comme l'appellent les indigènes, — dont la petite
tête et le derrière du cou d'un beau jaune paille, la
gorge d'un brillant vert d'émeraude, la poitrine, le
ventre d'un brun marron, et les ailes noisettes ta-
chées de pourpre vers l'extrémité, avec de longs filets cornés et duveteux très légers s'élevant au-dessus de la queue, et se confondant pour ainsi dire,
avec elle, rivalise de splendeur avec l'Astrapie à
gorge d'or, — « l'incomparable », comme l'a appelé Le Vaillant, — au dos noir pourpre à reflets
métalliques, à la tête rouge hyacinthe, or et émeraude, à la poitrine et au ventre verts. De l'angle
externe de l'œil du splendide paradisier, part
une bande rouge, qui se prolonge sous sa gorge.

C'est un Séleucide resplendissant, à la poitrine noire avec des reflets violets, aux flancs dorés, à la queue et aux ailes violettes, dont chaque mouvement révèle une richesse nouvelle, c'est un Laphorina, à aigrette noire, à la gorge verte gaufrée, dont les plumes des épaules forment un manteau violet ayant l'éclat, la douceur du velours...

Toutes ces charmantes créatures se balancent mollement sur les branches flexibles, secouant la rosée ramassée par leur plumage ; tantôt ils ouvrent les ailes et les font vibrer ; tantôt, le corps arqué, ils s'enveloppent de leurs plumes redressées et frémissantes comme d'un léger duvet d'or. De temps en temps les magnifiques oiseaux relèvent la tête pour voir monter le soleil, qu'ils saluent d'un cri de joie.

Toute la forêt s'éveille : le calas, le ramier cuivré, le pigeon blanc, le papoua bleu coupent l'air de leur vol bruyant ; les perruches font retentir la forêt de leurs cris perçants ; les petits oiseaux gazouillent ou sifflent leur chant matinal ; le lori, dont les teintes rouges surpassent en splendeur celles de la plus belle tulipe et dont les dépouilles ornent le manteau des chefs indigènes, vient s'abattre sur les arbres en fleurs pour boire le nectar des corolles.

Enfin un des paradisiers — le plus curieux ou

le moins craintif — tend le cou et avance la tête, cherchant la femelle qui a répondu à son cri.

C'est le mouvement qu'attendait le chasseur Papoua. Sa flèche part, bientôt, une de ces merveilles ailées tombe au pied du meurtrier. La « petite perle de beauté » a pour la dernière fois salué l'aurore de son chant métallique.

L'indigène prend aussi le « Magnifique » au moyen de gluaux préparés avec la glu de l'arbre à pain, lorsqu'il descend à terre et sautille au milieu des feuilles mortes où il cherche des insectes, — contrairement aux autres paradisiers qui se nourrissent presque exclusivement des graines du muscadier, de diverses baies et d'une sorte de figue. Le chasseur réussit donc à prendre le Magnifique vivant; il l'emporte à sa case, mais la délicate créature vit difficilement en captivité.

Voici comment les indigènes préparent les peaux des paradisiers : après avoir dépouillé l'oiseau, ils font une incision circulaire comprenant la peau du dos et du ventre. Ils jettent les pattes, arrachent les pennes des ailes, et étendent ensuite la peau sur un petit bâton arrondi, à l'extrémité antérieure duquel ils attachent le bec; ensuite ils frottent la dépouille de cendre et la suspendent dans la hutte pour la sécher. C'est de là qu'elle va orner la coif-

Fig. 15. — Hutte de Papous.

füre des dames en Europe ou celle des mandarines chinoises.

Les sauvages de Meisol n'enlèvent ni les pattes, ni les pennes des ailes. Les oiseaux préparés par les indigènes des îles Arou sont les plus recherchés par les trafiquants.

Quelque soin que l'on prenne de ces peaux, jamais elles n'arrivent dans nos pays avec la splendeur de leurs teintes primitives : le rouge des faisceaux a pâli, et l'or des plumes a perdu de son éclat.

Au mois de janvier, lorsque les vents deviennent favorable, les indigènes de la Nouvelle-Guinée, — chasseurs et pêcheurs, — montent sur leurs praos, jolies pirogues dont les deux extrémités se relèvent en col de cygne et dont la coque d'un seul morceau est creusée dans un tronc d'arbre, et se dirigent vers Dobbo, station commerciale des trafiquants malais et des Chinois qui visitent l'archipel d'Arou. Une anfractuosité dans l'anneau de corail qui longe les côtes permet aux schooners arrivant de Ternate de mouiller à l'abri des vents du nord, devant les deux rives, où les praos des indigènes, venus de toutes les parties de la Nouvelle-Guinée, avec leurs chargements de peaux d'oiseaux, de nacre, d'écaille, de tripang, de nids de salangane, sont mis à sec sur le sable.

Les négociants se tiennent sous des hangars de feuilles de palmiers. C'est là que se font les échanges avec les indigènes.

Les Papouas livrent leurs produits contre des étoffes en cotonnade bleue, des sarongs multicolores, des verroteries de Venise d'un bleu opaque, servant à faire des colliers, contre des haches, des couperets, des couteaux, du tabac, des pipes, des petits miroirs et de l'arak ou rhum de Java, qu'ils aiment autant que le bétel.

Lorsque l'indigène sera rentré dans sa hutte, — sorte d'appentis sans mur avec un couvert de feuilles de palmier soutenu par de minces bâtons, et dont l'intérieur est séparé par des cloisons de nattes formant des petits compartiments, où se casent les deux où trois familles qui vivent ensemble, — il s'accroupira avec ses compagnons autour des flacons d'arak, et le jour et la nuit la hutte retentira de rires, de vociférations, de cris frénétiques, jusqu'à ce que les flacons soient vidés, tandis que sa pauvre compagne, flétrie de bonne heure par les privations et les durs labeurs, vaque à tous les travaux et sert son seigneur et maître, qui ne sortira de sa paresse qu'à de longs intervalles pour aller à la chasse ou à la pêche.

Ces femmes papouas sont vêtues d'un pagne en

fibres de palmier; leur chevelure crépue est retrous-
sée en paquet derrière la tête; un long collier fixé
aux anneaux pendant aux oreilles vient rejoindre
par ses extrémités le nœud de la chevelure. Cela
fait un joli encadrement à un visage qui, dans l'extrême jeunesse, n'est nullement dépourvu de grâce.

L'ÉDUCATION DU PATAGON

Un petit sauvage qui n'est pas près de sortir de
son état, c'est l'enfant né dans les solitudes qui occupent l'extrême sud de l'Amérique méridionale ;
vaste territoire situé au delà du Chili et de la Con-
fédération Argentine, et s'étendant entre deux mers
jusqu'au détroit de Magellan.

Dans les terres sablonneuses de la Patagonie, sur
lesquelles la Cordillère des Andes achève d'étager
l'interminable succession de ses volcans couronnés
de neige, il n'y a pas, comme dans l'Amérique du
Nord, toute une population active et remuante de
Yankees, décidée à « civiliser » ou à supprimer le
Peau-Rouge : Argentins et Chiliens se bornent à
considérer leurs voisins, — Puelches, Poyuches ou
Chévelches, — comme d'incorrigibles pillards de
bétail, et à se mettre en garde contre leurs invasions.

Ce que les voyageurs rapportent des us et coutumes de ces Patagons de taille avantageuse ne se modifiera que très insensiblement.

Longtemps encore, le nouveau né sera baigné à la rivière la plus proche, hiver comme été. Singulière manière de le « tremper » pour la difficile existence qu'il doit mener, s'il survit à la rudesse de cet accueil à son entrée en ce monde! Il s'agit en effet, pour le père et la mère, de décider si la vie sera laissée à leur enfant. Malheur au petit être s'il paraît chétif! Ses parents, dans la crainte de s'occuper en vain d'une créature qui n'est pas née viable, le font mourir et abandonnent son corps aux chiens errants et aux oiseaux de proie.

Ce n'est pas que la venue de l'enfant trouve les parents indifférents; on pare le « toldo », la tente de la jeune mère, de peaux d'antilopes pour faire à l'enfant un « joli toldo »; on y plante, devant l'entrée, des lances ornées de plumes de nandou, de banderoles, de clochettes et de cymbales d'airain que le moindre souffle d'air fait résonner; mais enfin, ces gens-là ne veulent pas d'un enfant malingre : c'est leur idée.

Nous avons dit quelle sorte de berceau est réservé au jeune sauvage : une planche sur laquelle il est lié par des courroies, berceau très portatif, — maillot, si l'on veut, — que les mères placent aisément sur leur dos chargé de leur progéniture, peu exigeante, nullement douillette et qui ne connaît pas les gâteries.

A quatre ans, l'enfant conquiert sa place dans la tribu, par une sorte de baptême ou d'initiation : on lui perce les oreilles; c'est l'occasion d'une importante cérémonie, passablement bizarre.

Que ce soit une fille ou un garçon, le père lui fait don d'un cheval. L'animal est renversé sur le sol, les pieds fortement attachés. Sur cette table vivante est couché l'enfant dont le corps et le visage sont agréablement peinturlurés. Le chef de la famille ou le chef de la tribu le maintient dans cette attitude et lui perce l'oreille avec un os très pointu. Dans chaque trou, l'opérateur introduit un morceau de métal destiné à conserver et à agrandir l'ouverture faite. C'est le premier acte de la cérémonie.

Ce qui suit est une fête de sauvages, un festin dont la chair d'une jument compose tout le menu. Lorsque la bête est dévorée jusqu'aux os, le personnage important qui a opéré le percement des oreilles fait à chacun des convives une incision à la première phalange de l'index; les quelques gouttes de sang qui en sortent sont offertes au Dieu du bien pour le rendre favorable, et peut-être aussi au commandeur des esprits malfaisants, afin de conjurer les mauvais sorts. Ces deux divinités sont les seules auxquelles les Patagons rendent un culte. Dans toute la cérémonie aucun prêtre, comme on le voit : les Patagons n'en ont point.

Du jour de cet acte important de sa vie, le petit Patagon sort des mains des femmes pour passer dans celles des guerriers et son éducation commence.

*
* *

Mais quelle éducation !

On s'efforce de faire de lui un sujet accompli, selon les idées de la race patagone... On lui apprend à monter à cheval. A cinq ans, il se tient assez bien en selle pour être en état de se rendre utile aux siens en gardant le bétail. Dès cet âge, déjà brigand, il suit la tribu dans ses razzias lointaines. Là, tandis que les guerriers sont aux prises avec les fermiers ou « estanceros », argentins qui s'adonnent à l'élève du bétail, il aide les femmes qui ont suivi les maraudeurs à rassembler le bétail qu'il s'agit d'enlever, à le diriger vers le campement de la tribu.

Bientôt son père lui apprend à manier diverses armes de chasse et de guerre, le lasso ou lacet de cuir qu'on lance pour saisir au moyen d'un nœud coulant un ennemi ou un cheval; les boules, qui sont des pierres arrondies fixées à l'extrémité d'une longue courroie et que l'on lance avec force comme un projectile; la fronde, faite sur le modèle de toutes les frondes possibles, et la lance.

A dix ou douze ans, son instruction est achevée ; il doit, pour répondre à l'attente des siens, se montrer cavalier habile, guerrier hardi. Il n'a pas besoin d'être stimulé pour prendre part aux fantasques cavalcades faisant partie des réjouissances publiques; à demi nu, monté sur un cheval ardent qu'il manie avec adresse, il sait courir sus à l'ennemi, en brandissant sa lance, et jeter la confusion dans les rangs de ses adversaires en lançant les boules. Son corps est robuste, mais d'une couleur bistrée; sa chevelure épaisse et inculte serrée autour de la tête par un lambeau d'étoffe, encadre confusément un visage bariolé de noir, de blanc, de bleu, de rouge, qui lui donne prématurément un air de férocité achevée.

Un des amusements du petit Patagon consiste à capturer les chiens à l'aide de lassos. Dans la saison des nids, les chasseurs rapportent fréquemment aux enfants de petites autruches qui sont lâchées au milieu du camp. Alors, toute la cruauté de ces petits sauvages se réveille. On voit des enfants de huit à dix ans poursuivre, bolas en main, ces énormes poulets, les garrotter pour les dépecer tout vivants avec de vieilles lames de couteaux.

La paume est aussi un de leurs jeux favoris. Divisés en deux camps, ils se renvoient pendant des heures une énorme balle de cuir, bourrée de plumes d'autruche, qu'on frappe avec le poing. En hiver, quand la terre est couverte de neige, la balle de cuir est remplacée par des pelottes de neige, avec lesquelles se livrent des batailles acharnées. Mais s'il se trouve dans le voisinage du campement une colline en pente douce offrant une glissade, la pelotte de neige perd ses attraits, et toute selle que l'on peut dérober aux parents est transformée en traîneau, au risque d'être mise promptement hors d'usage.

De leur côté, les petites filles construisent, avec des morceaux de cuir volés, des toldos minuscules à l'ombre desquels elles s'asseyent gravement pour babiller.

Le jeune Patagon, dès cet âge tendre, possède en propre des chevaux, des bijoux, dons de sa famille; son père n'est plus guère pour lui qu'un tuteur, un mentor. Aussi ce petit bonhomme se donne-t-il des allures d'homme.

Et de même les petites filles sont traitées en

grandes filles. « A peine sevrées, dit un voyageur, on leur met une aiguille entre les mains. »

Ces enfants précoces prennent part aux danses religieuses qui constituent à peu près tout le culte ; ces danses s'exécutent au son de timbales, flûtes et violons, d'abord en se promenant lentement, puis en accélérant sa marche autour d'un feu, au petit trot, enfin au galop, avec des secouements de tête destinés à faire valoir l'effet des plumes de nandou plantées dans les cheveux.

A ces danses, les garçons préfèrent certainement les grandes courses de chevaux, organisées par les tribus toutes les fois que le territoire qu'elles occupent s'y prête. La plupart des chefs de famille possèdent de très beaux chevaux qui ne servent que pour les courses. L'objet principal de ce sport est de développer les bonnes qualités des montures et de former une race de chevaux capables de lutter de vitesse avec les plus rapides animaux.

La passion du jeu tient également une grande place dans l'existence de ces adolescents. Au premier rang de ces jeux se rangent les cartes : les Patagons des tribus rapprochées des Hispano-Américains se servent de jeux de cartes espagnols. Plus avant dans les terres qu'ils parcourent, ils usent, en guise de cartes, de carrelets de cuir couverts d'emblèmes hiéroglyphiques. Les jeux consistent en pièces de gibier, en armes ou en chevaux. Un autre jeu, qui a plus de vogue encore, est celui des dés : enfants et hommes faits, Patagons et Patagones risquent volontiers tout leur avoir sur un coup de dé. Ces dés ont la moitié de leurs faces blanches et l'autre moitié noire. Enfin, il y a encore la « tchoecat », qui est une sorte de jeu de croquet, avec balle lancée d'un camp à l'autre.

Les jeux sont un délassement de la guerre (lisez maraude) ; mais la chasse réclame aussi une bonne part du temps de tout adolescent de bonne volonté. Il s'y livre une grande partie de l'année, plus volontiers aux mois d'août et de septembre, qui sont le printemps de l'hémisphère sud.

L'enfant rapporte du jeune gibier pour ses petits frères et petites sœurs, et des œufs pour la famille, — des œufs de nandou et de perdrix. Le nandou est une sorte d'autruche. Un œuf gros comme un œuf d'autruche à la coque! C'est ainsi qu'on les mange, cuits tout ouverts sur des cendres chaudes.

Les chasses les plus profitables sont la chasse au guanaco et la chasse au nandou. Souvent on les combine ensemble.

Le guanaco est un animal d'une agilité remarquable, ayant un cou très long, une tête fine, des jambes hautes et grêles, un poil fauve tacheté de

Fig. 16. — Patagons.

blanc. Sa chair a une saveur de venaison. Le nandou est plus petit qu'une autruche d'Afrique, ses plumes blanches ou grises sont beaucoup plus courtes. Les chasseurs se réunissent en grand nombre, exécutent une battue sur plusieurs lieues de terrain, en se rapprochant. Guanacos et nandous cernés, on lance sur eux des chiens : la retraite est coupée aux bêtes qui tentent de s'enfuir, par les chasseurs qui les attendent au passage armés de leurs terribles boules de pierre.

Si, après la chasse, la guerre, les courses, le jeu, la défense du bétail contre les animaux féroces, tels que le couguar ou lion d'Amérique, — lion sans crinière, roux, nullement dangereux pour l'homme, — et le jaguar, de la famille du tigre, la préparation des échanges de cuirs, de crins de cheval, de plumes de nandou contre du tabac, des liqueurs fortes, du sucre et du thé américain (la yerba), échanges qui demandent de douze à quinze jours de marche vers les établissements hispano-américains, et autant pour le retour; si, dis-je, il reste des loisirs au jeune Patagon, il les emploie à fumer, dans des pipes de pierre, ce tabac si laborieusement acquis, à ingurgiter des boissons fermentées fournies par des baies d'arbustes sauvages et, quand il peut, de l'eau-de-vie. Dans des intervalles de repos général, toute la tribu se met à boire plusieurs jours durant et, après avoir bu, tous ces Patagons se querellent et se battent; naturellement leurs aimables enfants se règlent sur les brillants modèles qu'ils ont sous les yeux. Bientôt, ils ne laissent plus rien à désirer comme éducation. Nous dirions volontiers qu'il ne leur manque que la barbe pour être des hommes, si les Patagons ne s'arrachaient pas soigneusement les poils de la barbe et même les sourcils.

Mais ce mauvais garnement s'échappe visiblement de notre cadre; — ce n'est plus un enfant, s'il l'a jamais été! — En vérité, la différence n'est pas grande entre lui et les guerriers de vingt ans.